성경 길라잡이

성경 길라잡이

윤은수

한들출판사

차례

추천사 9

머리말 11

1부 구약

1장 성경의 개요 15

1. 성경이란 무엇인가? 15
2. 성경에 기록된 언어 16
3. 구약과 신약의 관계 16
4. 성경의 분류 18
5. 성경과 하나님 21
6. 성경의 형성 22

2장 율법서 – 1 25

1. 구약성경의 특징들 25
2. 율법서의 특징들 26
3. 창세기 27

3장 율법서 - 2 41

1. 출애굽기 42
2. 레위기 46
3. 민수기 51
4. 신명기 55

4장 역사서 57

1. 여호수아서 58
2. 사사기 61
3. 룻기 64
4. 사무엘상 65
5. 사무엘하 66
6. 열왕기상하 68
7. 역대상하 72
8. 에스라, 느헤미야 75
9. 에스더 76

5장 시가서 79

1. 욥기 80
2. 시편 82
3. 잠언 83
4. 전도서 84
5. 아가서 85

6장 선지서 87

1. 선지자와 선지서 87
2. 대선지서 89
3. 소선지서 93

2부 신약

7장 공관복음 105

1. 신약성경의 배경 105
2. 사복음서의 개요 110
3. 마태복음 112
4. 마가복음 115
5. 누가복음 119

8장 요한복음과 사도행전 125

1. 요한복음 125
2. 사도행전 132

9장 바울서신 1 141

1. 개요 141
2. 사도바울 141
3. 기록목적 142
4. 구분 143
5.. 로마서 143
6. 고린도전서 146
7. 고린도후서 149
8. 갈라디아서 151
9. 에베소서 153

10장 바울서신 II 157

10. 빌립보서 157
11. 골로새서 161
12. 데살로니가전서 163
13. 데살로니가후서 166
14. 디모데전서 167
15. 디모데후서 169
16. 디도서 171
17. 빌레몬 173

11장 공동서신과 요한계시록 175

1. 공동서신이란? 175
2. 히브리서 175
3. 야고보서 178
4. 베드로전서 180
5. 베드로후서 181
6. 요한일서 182
7. 요한이서 184
8. 요한삼서 185
9. 유다서 185
10. 요한계시록 186

추천사

저자는 이웃교회 목회자이며 신학자입니다. 본 추천자는 저자와 오랜 시간을 함께 보내었습니다. 섬기는 교회를 어떻게 하면 주님이 영광 받으시는 은혜로운 교회, 건강한 교회로 세워갈 수 있을까? 어떻게 하면 주님이 기뻐하시는 신령하고 행복한 신앙인으로 살아갈 수 있을까? 많은 대화를 하며 멋진 우정의 시간을 가졌습니다.

오랜 시간을 함께 하면서 제가 만난 저자는 우선 주 예수 그리스도를 진실로 사랑하는 참된 그리스도인이었습니다. 또한 신학에 대한 이해와 깊이가 탁월한 조직신학을 전공한 훌륭한 신학자이기도 했습니다. 동시에 한국교회사를 연구하여 오늘날의 한국교회가 현재적 교회로서 해야 할 사명을 고민하며 미래적 교회를 성경적 관점으로 바라보며 준비할 줄 아는 이 시대의 탁월한 미래적 학자였습니다. 또한 교회를 너무도 사랑해서 안정된 목회지를 미련 없이 내어 주고 늦은 나이에 교회를 새롭게 개척하여 온 정성과 열심으로 한 영혼 한 영혼을 사랑하며 사는 행복한 목회자였습니다.

그 동역자가 금번에 개혁신학의 관점에서 성경에 관한 개론서를 집필하였습니다. 앞으로 이 책은 고신대학교에서 한국교회와 세계교회의 미래 지도자들을 가르치는 교재로 사용이 된다고 합니다. 신학적 깊이와 목회적인 풍부한 경험을 지닌 저자가 집필한 성경의 개론서는 성경을 알고자 하는 학생들에게 당연히 많은 도움과 도전이 되리라 확신합니다. 그리고 교회 생활을 하면서 성경을 보다 체계적으로 알고자 하는 기존교회의 성도들에게도 역시나 많은 도움을 주게 될 것으로 확신합니다.

앞으로 많은 젊은이들과 한국교회의 성도들이 본서를 통해 성경을 연구함으로 하나님을 만나고 하나님의 구원의 경륜을 배우게 되기를 바랍니다.

2021년 2월 21일
경남김해노회 증경노회장
동서남북교회 하영운 목사

머리말

성경(Bible)은 19억의 기독교 신자들이 믿고 따르는 기독교의 경전(經典, scripture)이다. 성경은 다른 종교의 경전과는 큰 차이점을 가진다. 첫째는 유일신, 곧 하나님이 인간에게 자기를 계시하신 유일한 책이며, 둘째는 인간의 구원에 관한 명확한 방법을 제시한 책이며, 셋째는 시대와 역사를 뛰어넘어 모든 사람의 보편적인 윤리의 기준이 되는 책이며, 넷째는 죽음 뒤의 세계와 그것을 준비할 수 있는 길을 분명하게 제시하고 있는 책이다. 따라서 성경은 인간이 살아 있을 때나 죽어서나 인간의 모든 삶의 표준이 되고 기준이 되며 인생길의 가이드가 되는 책이라 할 것이다.

오우성(계명대학교 명예교수)은 성경의 특징에 관하여 말하기를 "다른 종교는 사람들이 신을 찾아 나서는 종교임에 반하여 복음은 하나님이 사람들을 찾아가는 이야기이다"라고 설명하고 있다. 우리는 오우성의 말에서 성경이 타 종교의 경전과 다른 분명한 차이점을 발견하게 된다. 종교는 신을 찾는 과정이며, 경전은 그 과정의 방법들을 기록한 책이라고 할 수 있다.

하지만 기독교의 경전인 성경은 타 종교와는 확연히 다른 방법을 기술하고 있다. 성경은 사람이 하나님을 찾는 과정이 아니라 하나님이 사람을 찾고 있는 과정을 기술한 책이라는 것이다. 그 이유는 인간은 죄로 말미암아 완전히 타락하여 스스로 하나님을 찾지 못하는 존재가 되었기 때문이다. 그래서 성경의 주제는 '인류의 구원을 위한 하나님의 은혜'이다. 하나님(예수님)이 인류의 죄를 담당하시기 위하여 성육신(incarnation, 成肉身)을 통하여 인간이 되심으로 십자가를 지시고 죽음에서 부활하심으로 죄와 사망의 권세를 이기시고 인류의 구원의 통로가 되신 사실을 성경은 말하고 있는 것이다. 그래서 성경은 결코 인간이 자신의 노력으로는 구원을 받을 수 없고, 하나님의 은혜로만 구원에 이를 수 있음을 밝히고 있는 것이다.

본 책은 앞에서 밝힌 성경의 주제를 벗어나지 아니하고 성경 전체의 개요와 각 권의 내용을 깊이 있게 요약하여 설명하고 있다. 따라서 본 책은 어린아이부터 어른에 이르기까지 구약 39권, 신약 27권, 전체 66권으로 구성된 성경 각 권의 내용을 이해하는 데 큰 도움을 줄 것이다. 학교에서도 교재로 사용이 가능하고, 각 교회에서도 성도들의 성경공부에 교재로 사용이 가능하도록 표, 그림, 지도와 더불어 쉽게 저술이 되었다.

할 수 있는 대로 본 책을 통하여 많은 사람들이 하나님을 만나고, 하나님이 은혜로 주시는 구원에 이르게 되며, 삶의 참된 의미를 찾아 행복하게 살아갈 수 있기를 바란다.

2020년 2월 21일

고신대학교 교정에서

윤 은 수

1부

구약

제1장

성경 개요

1. 성경이란 무엇인가?

영어로 'Bible'이라고 쓰는 '성경(聖經)'은 헬라어의 비블리온(βιβλίον)에서 온 말이다. '비블리온'은 '두루마리(책)'라는 뜻이다. 이러한 뜻을 가지는 이유는 성경이 기록될 당시에는 책이 그다지 흔한 것이 아니었기 때문이다.

가톨릭을 비롯한 다른 곳에서는 '성서(聖書, 거룩한 책)'라는 말로도 사용하지만 대부분의 개혁교회(改革教會, Reformed Church)[1]에서는 '성경'이라는 말을 사용한다. 그 이유는 성경이 기독교의 거룩한 경전임과 동시에 정경(正經, canon)[2]이기 때문이다.

1) 중세 가톨릭교회의 부패와 타락에서 맞서 '성경으로 돌아가자'는 구호로 종교개혁을 단행한 개신교를 추종하는 교회를 가리킨다. 주로 종교개혁자인 칼빈의 신학사상을 따르고 있다.

2) 기독교에서 공식적으로 채용하고 있는 경전을 가리키는 말이다. 본래 그리스어(語)의

2. 성경에 기록된 언어

구약성경은 히브리어와 아람어로 기록되었고 신약성경은 헬라어로 기록되었다. 히브리어는 구약성경의 주 대상인 이스라엘 민족의 고유한 언어이다. 대부분의 성경이 히브리어로 기록되었지만 그중에 다니엘서, 에스라, 예레미야서의 일부분은 아람어로 쓰였다.[3)]

아람어는 아람[4)](오늘날의 시리아)이라는 나라에서 사용된 말이지만 당시 메소포타미아와 수리아 지역 일대에서 광범위하게 사용된 고대 근동의 대표적 언어였다. 아람어는 후에 페르시아 제국[5)]의 공용어로 사용되기도 하였다.

신약성경이 기록된 헬라어는 예수 당시 지중해 연안에 널리 사용되던 공용어였다. 하나님께서 신약성경의 언어로 헬라어를 선택하신 이유는 복음이 당시 주변 지역의 공용어를 통하여 이스라엘뿐만 아니라 온 세상으로 전파되기를 바라셨기 때문이다.

3. 구약과 신약의 관계

성경은 크게 구약(舊約, Old Testament)과 신약(新約, New Testament)의 두 권으로 나뉜다. 뜻을 해석하면 '오래된 언약'과 '새로

'kanōn'에서 유래한 말로, 라틴어 '카논'은 '표준 ·척도 ·모델'을 뜻하는 말이다.

3) 에스라 4:8-6:18; 7:12-26; 예레미야 10:11; 다니엘 2:4-7:28 등이 아람어로 기록되었는데, 이 아람어는 유대인들의 포로기 이후 점점 히브리어 대신 사용되기도 했다.

4) 성경에 소개되는 아람은 오늘날 시리아 지역에 위치하며 그 수도는 다마스커스(다메섹)다. 다른 말로는 '수리아'라고도 불렀다(민수기 23:7; 사무엘하 8:5; 열왕기상 11:25; 예레미야 35:11; 아모스 1:5).

5) B.C. 6세기부터 A.D. 7세기까지 현재 이란과 아시아와 북아프리카, 그리고 유럽인 그리스와 마게도니아 일부까지 차지했던 대제국이었다.

운 언약'이다.[6] 여기서 '언약'이라는 말을 사용하는 이유는 기독교의 신앙이 '하나님과 인간의 은혜 언약'에서 비롯된 것이기 때문이다. 하나님과의 언약은 하나님 편에서 일방적으로 맺은 언약이다. 왜냐하면 인간은 피조물로 창조주이신 하나님과 언약을 맺을 자격이 아니기 때문이다. 또한 후에 죄로 말미암아 완전히 타락한 인간은 스스로를 구원할 수 없는 존재가 되었기에 하나님의 일방적인 사랑과 은혜의 언약이 아니면 구원받을 수 없는 것이다.

구약은 '행위 언약'이고, 신약은 '은혜 언약'이다. '행위 언약'은 행위로 말미암아 구원을 받는 것이다. 하나님은 하나님이 만드신 에덴동산에서 처음 사람 아담과 선악과를 통하여 행위 언약을 맺으셨다. 하지만 인간은 행위 언약을 어김으로 죄를 짓고 말았다.[7] 죄를 지은 처음 사람들에게는 언약을 어긴 결과로 심판이 임하여 하나님의 동산에서 쫓겨나게 되었다.

하나님께서는 후에 출애굽 한 이스라엘 백성들과 광야의 시내 산에서 다시 행위 언약을 맺으시며 율법을 주셨다.[8] 하지만 이스라엘 백성들은 거듭 하나님의 율법을 떠나 살았고, 결국에는 이방 나라에게 멸망하였다. 이렇게 구약성경에서 확인할 수 있는 것은 행위 언약만으로는 인간이 구원받을 수 없다는 것이다. 이것은 죄 된 인간의 속성 때문이다. 그래서 하나님은 신약에 와서 예수 그리스도를 통한 은혜 언약을 주셨다. 인류의 죄를 대신하시기 위해 십자가에서 죽으신 예수 그리

---

6) 구약과 신약이라는 말을 처음 사용한 사람은 북아프리카 카르타고 출신 터툴리안(160-220년)이었다.

7) 아담과 함께 한 여자 하와는 뱀의 유혹을 받아 선악과를 따 먹음으로 하나님과의 행위 언약을 어기게 되었고, 선악과를 아담과 나누어 먹음으로 함께 죄를 짓게 되었다.

8) (출애굽기 19:5-6) "[5] 세계가 다 내게 속하였나니 너희가 내 말을 잘 듣고 내 언약을 지키면 너희는 모든 민족 중에서 내 소유가 되겠고 [6] 너희가 내게 대하여 제사장 나라가 되며 거룩한 백성이 되리라 너는 이 말을 이스라엘 자손에게 전할지니라."

스도를 믿기만 하면 누구든지 구원받을 수 있는 은혜 언약의 길을 열어 놓으신 것이었다. 예수가 우리의 행위 언약을 십자가에서 대신 이루셨기에 우리는 예수를 믿음으로 행위 언약을 이루게 된 것이다.

성경의 전체적인 내용은 창조와 타락과 구속과 회복으로 설명되는데, 그 중심에는 구원자 예수 그리스도가 있다. 구약은 인간을 구원하러 이 땅에 오실 예수 그리스도[9]에 관한 증거이고, 신약은 인간을 구원하기 위해 이 땅에 구원자, 메시야로 오신 예수와 또한 심판주로 이 세상에 다시 오실 예수에 관한 증거이다. 성경은 모든 역사의 중심에 예수 그리스도가 있음을 증거하고 있다.

4. 성경의 분류

1) 구약성경은 크게 네 부분으로 나눈다.[10]

① 율법서(5권): 창세기, 출애굽기, 레위기, 민수기, 신명기

율법서는 모세를 저자로 보고 '모세 5경'이라 부른다. 율법서에는 613개의 율법이 기록 되어 있다. 613개의 율법은 "~ 하라"는 명령이 248개이고, "~하지 말라"는 명령이 365개이다.

② 역사서(12권): 여호수아, 사사기, 룻기, 사무엘상, 사무엘하, 열왕기상, 열왕기하, 역대상, 역대하, 에스라, 느헤미야, 에스더

가나안 정착 이후 이스라엘 민족의 역사를 기록한 책들이다. 하나님

9) 여기서 그리스도라는 말은 히브리어 '메시아'의 그리스어 번역으로, 구원자, 메시야라는 뜻이다.

10) 오병세, 『성경의 맥을 잡아라』 (서울: 양문, 1998), 13-14.

의 직접적인 통치, 곧 신정정치(神政政治, theocracy)로 시작된 가나안 생활이 이스라엘 최초의 임금인 사울 임금으로부터 2대 임금인 다윗 임금과 그 후손들로 이어지는 왕정정치(王政政治, monarchy politics)의 시대로 넘어가는 역사를 기록하고 있다.

③ 시가서(5권): 욥기, 시편, 잠언, 전도서, 아가

주로 시(詩, poem) 또는 음악적인 내용으로 기록되었다고 해서 시가서(詩歌書, Poetry)라고 부른다. 하나님을 찬양하는 내용들로 기록되어 있다.

④ 선지서(17권):

대선지서 – 이사야, 예레미야, 예레미야애가, 에스겔, 다니엘

소선지서 – 호세아, 요엘, 아모스, 오바댜, 요나, 미가, 나훔, 하박국, 스바냐, 학개, 스가랴, 말라기

내용의 분량에 따라 대, 소선지서로 구분한다. 대선지서는 장문(長文)이기에 붙여진 이름이고, 소선지서는 짧은 분량이기에 붙여진 이름이다. 주로 이스라엘과 왕들을 향한 당시의 예언자요 하나님 말씀의 대언자(代言者, one who defend, advocate)들이었던 선지자[11]들이 전하는 하나님의 말씀과 계획에 관한 예언의 내용이 기록되어 있다.

---

11) 선지자(先知者, prophet)는 하나님으로부터 계시받아 하나님의 뜻을 전하는 사람을 말한다. 이들은 주로 꿈이나 환상을 통해 하나님으로부터 계시를 전달받았다. 따라서 구약의 선지자들은 하나님의 뜻을 해석하는 사람이 아니라, 하나님이 그들에게 주신 말씀을 공포(선포)하는 사람들이었다고 볼 수 있다.

2) 신약성경도 크게 네 부분으로 나눈다.

① 복음서(4권): 마태복음, 마가복음, 누가복음, 요한복음

처음의 세 복음서(마태복음, 마가복음, 누가복음)는 같은 관점에서 기록이 되었다고 해서 공관복음(共觀福音, Synoptic Gospels)이라고도 부른다.[12] 세 복음서는 예수의 활동을 중심으로 기록되었고, 요한복음서는 예수의 영적인 부분을 중심으로 기록되었다.

② 역사서(1권): 사도행전

신약의 유일한 역사서인 사도행전은 예수의 부활 승천과 성령의 임재로부터 시작하여 복음이 어떻게 세계로 퍼져 나갔는지에 관한 역사적 사실과 증거들을 기록하고 있다.

③ 서신서(21권):

A. 바울서신(13권)

교리서신(4권) – 로마서, 고린도전·후서, 갈라디아서

옥중서신(4권) – 에베소서, 빌립보서, 골로새서, 빌레몬서

: 사도 바울이 생애 말년에 옥중에 있을 때에 기록한 것으로 알려진 서신이다.

목회서신(3권) – 디모데전·후서, 디도서

: 목회적 측면이 강조된 내용의 특성상 다른 서신들과 차이가 있어 독일 신학자 파울 안톤(Paul Anton, 1661-1730)[13]에 의해 '목회서신'으로 불린 이래 지금까지 사용되고 있다.

---

12) 사복음서는 예수의 생애와 교훈을 전하고 있지만, 특히 처음 세 권은 유사점이 많고, 같은 관점에서 쓰였다고 하여 '공관복음서'라 부른다. 한편 요한복음은 공관복음과 비교할 때 부분적으로만 일치하고 기사 배열과 내용상 다소 차이가 나기 때문에 '제4복음서'(the Fourth Gospel)라고 부른다.

13) 독일의 루터파 신학자, 경건주의자.

일반서신(2권) - 데살로니가전·후서

B. 공동서신(8권) - 히브리서, 야고보서, 베드로전·후서, 요한 1, 2, 3 서, 유다서

공동서신이라는 이름은 8권의 서신들이 특정한 사람에게 보내진 서신이 아니라 공동의 교회에게 보내진 서신이기 때문이다.

④ 예언서 - 요한계시록

95년경에 사도 요한이 밧모섬[14]에 유배되었을 때 하나님의 계시를 받아서 기록한 책이다.

5. 성경과 하나님

성경은 하나님께서 하나님의 뜻을 인간들에게 계시하여 주신 말씀으로 인간들이 하나님의 영감을 받아 기록한 책이다.

(디모데후서 3:16) "모든 성경은 **하나님의 감동**으로 된 것으로 교훈과 책망과 바르게 함과 의로 교육하기에 유익하니."

(베드로후서 1:21) "예언은 언제든지 사람의 뜻으로 낸 것이 아니요 오직 **성령의 감동하심을 받은** 사람들이 하나님께 받아 말한 것임이라."

성경의 각 권은 기록한 저자가 존재한다. 하지만 성경은 앞에서 말

14) 그리스와 에베소 사이의 지중해 동부지역 에게해에 있는 작은 섬으로 로마시대에는 주로 죄인들을 유배시키는 섬이었다. 지금은 약 2,500명의 주민들이 생활하고 있는 것으로 알려지고 있다. 사도 요한은 로마 황제 도미티아누스의 박해로 18개월 동안 이 섬에 머물게 되었고, 이곳에서 요한계시록을 기록한 것으로 알려지고 있다. 요한은 도미티아누스가 암살된 후에 풀려나 에베소에서 목회하였다.

한 것처럼 하나님의 계시의 말씀이고, 하나님께서 인간들에게 기록하게 하신 말씀이기에 성경에는 하나님의 의도가 담겨져 있고, 하나님이 본래의 저자가 되신다. 이 사실을 성경이 스스로 증명하고 있다.

6. 성경의 형성

성경은 총 40여 명의 저자들에 의해서 약 1,600년간에 걸쳐 기록되었다. 창세기에서 말라기까지 총 39권에 이르는 구약성경은 B.C. 1400여 년 전부터 B.C. 400여 년에 이르기까지 약 천 년에 걸쳐 30여 명을 통해 기록되었고, 신약성경 27권은 1세기에 약 50여 년의 짧은 기간 동안 8-9명에 의해 기록되었다.

구약성경은 학자들에의하면 B.C. 4세기경에 에스라[15]와 공회의 회원들에 의해 완성되었다고 전해진다. 그리고 A.D. 90년경에 얌니아(Jamnia, 지금의 야브네[16])에서 유대인들의 종교회의가 열렸는데 여기에서 현재의 39권이 정경으로 받아들여졌다.

신약은 4세기 말에 서방교회(西方敎會, Western Church, Latin Church)[17]에서 현재의 27권을 성경으로 받아들였는데, 특히 397년 제3차 카르타고 종교회의(Council of Carthago)에서 인정받았다.[18] 종교

15) B.C. 6세기 이스라엘의 지도자. 율법학자. 바벨론 포로 시대(B.C. 586-537)에 바벨론에서 성경을 연구하고 포로 시기가 끝나자 8,000여 명과 함께 예루살렘에 들어와 유대교 기초를 닦으며 민족을 지도하였다.

16) 야브네(Yavneh)는 오늘날 이스라엘 중부 도시로 인구가 약 3만여 명에 이르고 있다. 과거 얌니아는 로마제국 시대에 건설된 도시로 70년경 예루살렘 멸망 후에 유대 율법학자들이 많이 활동한 도시였다. 얌니아 회의에 관한 주장은 1871년 유대인 학자 하인리히 그래츠(Heinrich Graetz)가 주장하였는데 반론을 제기하는 학자들도 있다.

17) 동방교회(정교회)와 대비하여 부르는 호칭으로 주로 로마 가톨릭교회라고 부른다.

18) 초대교회 당시에는 북아프리카 지역에 기독교가 활발하였기 때문에, 카르타고 지역에

회의에서 결정된 사항은 27권만 교회에서 사용되어야 한다는 것이었다. 그 외의 성경을 '외경(外經, Apocrypha)'[19]이라고도 하는데, 개신교회에서는 정경이 아니기에 받아들이지 않지만 가톨릭에서는 사용하고 있다.[20]

성경은 본래 장(chapter)과 절(verse)이 없었다. '장'은 1227년 영국 캔터베리 대주교(Archbishop of Canterbury)[21]를 지낸 스티븐 랭턴(Stephen Langton, 1150-1228)[22]이 나누었고, '절'은 구약의 경우 1440년 R. 나탄이, 신약은 1551년쯤 프랑스의 궁정 인쇄 기술자였던 로버트 스테파누스(Robert Stephanus, 1503-1559)가 구분하였다. 오늘날 우리가 사용하는 성경의 장, 절 구분은 1560년 제네바에서 출판된 '제네바 성경'의 구분을 받아들인 것이다.

영어성경은 15세기 초에 존 위클리프(John Wycliffe, 1320-1384)[23]가 최초로 번역하였고, 16세기 초에 윌리엄 틴데일(William Tyndale, 1494?-1536)[24]이 히브리어와 헬라어 성경에서 직접 번역하였다. 그 후 1611년에 그 유명한 '흠정역(King James Version)'[25] 영어성경이 출간되

서 종종 종교회의를 열었다.

19) 정경(正經)을 결정할 때 함께 수집되었으나 정경으로 인정되지 못했던 대략 15권의 책과 문서(文書)들을 말한다.

20) 김병철 외 2명, 『기독교의 이해』 (서울: 양서원, 2002), 248-249.

21) 영국 성공회의 최고위 성직자를 가리키는 말이다.

22) 그는 1207년에 캔터베리 대주교로 임명이 되었다.

23) 영국 신학자이며, 종교개혁의 선구자. 옥스퍼드 대학에서 수학한 후 1356년경부터 옥스포드대학에서 신학과 철학을 강의하였다. 사상적으로는 아우구스티누스(Aurelius Augustinus) 영향을 받았다. 그는 라틴어 성경을 영어로 번역하였다.

24) 영국 신학자로 독일에 건너가 신약성서 영어 번역본을 만들었다. 그가 만든 성서가 1611년 『흠정역성서』의 기초가 되었다. 루터와 츠빙글리에게 신학적으로 많은 영향을 받았다.

25) 영국 국왕인 제임스 1세 주도로 나온 영어성경으로 일명 〈킹 제임스 성경〉이라고도 불린다. 『흠정역 성경』은 위클리프의 필사본 성서와 윌리엄 틴들의 성경 내용과 문체를 종합적으로 참조하여 만들어낸 당대 최고의 영어성경이었다. 이 성경은 영국과 신대륙

어 300여 년 동안 영어권 세계의 기독교인들로부터 사랑을 받았다.

우리나라는 1832년에 독일의 선교사 귀츨라프(Karl Friedrich August Gützlaff, 1803-1851)[26]가 충남 보령의 고대도[27]에서 한문 성경을 최초로 배포하였고, 우리나라 말로 번역된 성경은 스코틀랜드 선교사 존 로스(John Ross, 1842-1915)가 이응찬, 서상륜 등의 도움을 받아 번역한 누가복음과 요한복음이었다.

1887년에는 「예수셩교젼서」라는 신약성경 전권이 간행되었는데 다른 말로는 '로스 번역'이라고도 한다. 그 후 1906년에 최초의 공인역본인 '신약전서'가 나오고, 1911년에 '구약전서'가 나오게 되었다. 그리고 1938년에 개역판이 나왔다가 해방 후에 새로운 맞춤법에 따라 1952년에 새로운 개역본이 출판되었다. 그 후 1962년에 다시 개역한글판이 나오고 최근에 개역개정판이 출간되어 사용되고 있다.

미국의 대표적인 성경 번역본으로 정착되었고, 나아가 영국이 대제국으로 세계사에 등장함에 따라 절대적인 성서로 인정되었다.

26) 그는 고대도에 22일 당도하였고, 그 전(前) 7월 17일에는 백령도에 내렸다.

27) 오늘날 충남 보령시 오천면 삽시도리를 말한다.

제2장

율법서-1

1. 구약성경의 특징들

1) 구약성경은 죄로 인해 타락한 인간을 향한 하나님의 구원 역사를 다룬 책이다

구약성경의 큰 주제는 인간의 죄 됨과 하나님의 은혜이다. 구약성경은 "인간이 어떻게 죄악 속에 살게 되었으며, 완전한 죄인이 될 수밖에 없었는가?"에 대한 역사와 완전한 죄인의 상태에 대해 말하고 있다. 이렇게 죄인 된 인간에게는 하나님의 은혜가 필요한데, 구약에는 이 은혜가 하나님께서 선택한 백성들을 통하여 하나님의 인내와 관용, 그리고 긍휼과 끝없는 사랑으로 나타나고 있다.

2) 구약성경은 메시야의 오심에 관한 기대를 말하고 있다.

구약성경은 한편으로 이스라엘이라는 한 나라의 역사이기도 하다. 구약성경은 이스라엘의 역사를 통하여 메시야의 필요성에 대해 설명하며 그가 곧 오실 것에 대해 말하고 있다. 이스라엘은 하나님에게 선택받은 나라요 백성이었지만 계속되는 불신앙의 행위들을 통하여 결국 이방 나라에게 멸망 당한다. 자칫 이스라엘의 역사를 통하여 독자들은 인간의 죄성(罪性)에 대해 절망할 수도 있으나 구약성경은 도리어 이스라엘을 통하여 어쩔 수 없는 인간의 죄성을 설명하며 메시야의 필요성에 대해 강조하고 있다.

2. 율법서의 특징들

1) 모든 것의 시작이 기록되어 있다.

율법서 5권에는 모든 세상의 기원이 기록되어 있고 인간 창조와 기원에 관하여도 기록하고 있다. 따라서 율법서 5권(모세오경)을 제외하고 여호수아서부터 성경을 읽게 된다면 우리는 만물의 기원과 원인에 관하여 명확하게 알 수 없을 것이다.

2) 하나님의 속성에 관하여 기록되어 있다.

율법서 5권은 우리에게 하나님이 어떤 분이신지에 관해 잘 가르쳐준다. 하나님만의 독특한 속성, 즉 영원성, 전능성, 창조성, 편재성(遍在

性, Omnipresence, ubiquity)[1] 등에 관하여 설명해주고, 우리 인간과 공유한 속성인 거룩성, 의로움, 사랑과 긍휼(矜恤, mercy)[2]의 하나님을 보여준다. 그래서 우리는 이 5권의 책을 읽음으로 하나님에 관한 중요한 지식들을 얻을 수 있게 된다.

3. 창세기

1) 하나님이 주인이다.

(1) 창세기 시작은 하나님의 천지창조로부터 시작한다[3]

창세기의 전개는 하나님이 세상의 주인이라는 것을 이스라엘 백성과 독자(讀者, reader)들에게 알려 주려는 의도였다. 당시 세상을 지배하던 강대국 이집트의 파라오(Pharaoh)[4]나, 그들이 섬기던 태양신, 그리고 앞으로 가나안에 들어가 살면서 만나게 될 바알(Baal)[5]과 아세라(Asherah)[6]와 같은 이방 신들의 존재를 부인한다. 나아가 하나님이 세

1) 하나님은 어디에나 계시며 안 계신 곳이 없다는 하나님의 속성에 관한 표현이다. 그렇기 때문에 편재성으로 설명하면 하나님은 모든 것을 보시고 모든 것을 아신다고 할 수 있다.
2) 가엽게 여기고, 불쌍히 여겨 돌보아 주는 것을 말한다. 하나님의 속성 중 하나인 '긍휼'은 죄인임에도 불구하고 돌아보시는 하나님의 자비와 사랑의 증거라고 할 수 있다.
3) (창세기 1:1) "태초에 하나님이 천지를 창조하시니라."
4) 이집트에서 파라오의 존재는 살아있는 신이었다. 그들은 파라오를 태양신의 아들로 인정했고, 자신들의 나라는 신이 다스리는 나라로 인정했다.
5) 고대 근동 셈족들, 특별히 가나안 인들이 주로 섬기던 남신(男神)으로 비와 폭풍을 주관하는 농사의 신이며, 가축 떼를 주관하는 풍요와 다산(多産)의 신이자 전쟁을 주관하는 신(神)이다.
6) 고대 근동 셈족들이 섬기던 여신(女神)으로 다산(多産)과 풍요와 성(性)의 여신으로 알려져 있다.

상의 창조자이며, 주인이고, 그분만이 유일한 신이라는 것을 창세기는 시작부터 가르치고 있다.

(2) 만물은 하나님의 피조물이다.

닭이 먼저인지 달걀이 먼저인지에 관한 궁금증은 늘 있었다. 하지만 성경은 닭이 먼저인 것을 증명해 준다. 왜냐하면 모든 만물은 하나님이 직접 창조하셨기 때문이다. 창조는 하나님의 말씀에 대한 만물의 순종의 사건이었다. 따라서 후에 출애굽 사건에서 볼 수 있는 여러 재앙[7]을 통한 놀라운 이적 사건들은 하나님 편에서는 전혀 놀랍지 않은 것이었다. 왜냐하면 만물이 하나님에게 순종하는 것은 창조주에 대한 피조물의 당연한 자세이기 때문이다.

(3) 세상을 다스릴 자로 인간이 창조되었다.

하나님은 모든 만물을 만드신 후에 인간을 마지막으로 창조하시며 세상을 관리하고 다스리게 하셨다. 이것은 인간을 향한 하나님의 특별한 기대와 사랑의 표현이었다. 하지만 인간은 하나님의 사랑을 외면하고 죄를 범하여 하나님의 동산에서 쫓겨났다. 하나님의 동산(에덴동산)에 살 때와 동산에서 쫓겨난 인간의 삶은 너무나 달랐다. 죄를 범한 인간은 그 결과로 땅을 일구며 땀을 흘려 수고해야 했고, 잉태하는 고통을 통하여 자녀를 낳으며 살아가게 되었다. 그리고 죄의 결과로 인간들은 죽음을 맞이하게 되었다.

---

7) 출애굽 사건 때 하나님은 바로와 이집트 앞에 10가지 재앙을 보여주신다. 이 재앙들은 피, 개구리, 이, 파리, 악질, 독종, 메뚜기, 우박, 흑암, 장자의 죽음이었다.

2) 인류의 타락과 멸망

(1) 최초의 살인 사건

하나님의 동산에서 쫓겨난 처음 사람(아담과 하와)은 두 아들을 두었는데, 그들은 각자 직업을 갖게 되었다.[8] 이것은 인간이 가진 최초의 직업이었다. 초기 인간들은 하나님의 말씀을 따라 직업을 가지고 땀을 흘리며 직업의 소명을 다하였다.[9]

그런데 안타까운 일이 발생한다. 형제 사이에 살인 사건이 벌어진 것이다. 형 가인이 하나님에게 인정받지 못한 불쾌감[10]과 동생에 대한 시기심으로 아벨을 죽이게 되었다. 인류 최초의 살인 사건이다. 이처럼 죄로 말미암아 타락한 인간의 가정에는 계속해서 범죄 하는 일들이 벌어졌다. 범죄한 첫째 아들 가인의 후손들은 계속해서 하나님을 떠나 살았다. 하나님은 처음 사람 아담과 하와에게 세 번째 아들 '셋'[11]을 주시고 그를 통하여 믿음의 줄기를 이어 가신다. 인간들의 세계에는 이렇게 신앙의 줄기와 비신앙의 줄기가 뚜렷이 구별되어 갔다.[12]

(2) 인류의 타락과 노아의 홍수

그렇게 이어가던 신앙과 비신앙의 구분이 희미해지는 시기가 오게

---

8) 형은 농사를 짓는 농업을 경영하였고, 동생은 양을 치는 축산업을 경영하였다.

9) 신성종, 『엠마오 성경연구』 (서울: 엠마오, 1992), 21.

10) 하나님은 형의 제사는 받지 않으시고 동생의 제사를 받으셨다. 히브리서 11장 4절에서는 아벨이 믿음으로 제사를 드렸기에 하나님께서 그의 제사를 받으셨다고 말하고 있다.

11) 이름의 뜻은 '보상', '임명된'이라는 뜻이다.

12) 가인의 후손들은 많은 재주를 가지고 세상의 산업에는 능했지만 신앙과는 거리가 멀었다.

되었다. 창세기 6장에는 세상에 죄악이 가득하게 되었다고 말하고 있다. 신앙인들이 신앙의 순결을 버리고 세상과 타협하며 살아가기 시작한 것이다.[13] 세월이 갈수록 신앙의 사람들은 사라져 갔고, 하나님을 잊어 갔다. 결국 하나님은 세상을 향한 홍수 심판을 계획하신다.[14]

(3) 노아의 순종과 방주

인간의 타락에도 불구하고, 인간을 향한 하나님의 사랑은 '셋'의 가계(家系, pedigree)를 통하여 나타나고 있었다. 하나님은 셋의 후손들 중에 에녹과 같은 믿음의 사람들을 허락하셨고, 에녹과 므두셀라와 라멕으로 이어지던 믿음은 대홍수 전에 방주를 만든 노아에게까지 이어졌다.

하나님은 노아를 선택하여 대홍수 중에 사람과 동물을 구할 방주를 만들게 하였고, 노아는 하나님의 말씀에 순종하여[15] 방주를 만들었다. 하지만 안타깝게도 노아의 방주에는 노아의 가족들만 승선하였고, 나머지 사람들은 홍수에 관한 예언을 무시함으로 모두 멸망하고 말았다. 방주에는 새 땅에서 새롭게 살아갈 동물들도 노아의 가족들과 함께 하였다. 그리고 약 일 년 후에 노아의 가족들은 홍수가 지나간 땅에 발을 디디게 되었고, 하나님께 첫 제사를 드렸다. 하나님은 무지개를 통하여 세상을 더 이상 물로 심판하시지 않겠다는 표시를 주셨다.[16]

---

13) 성경은 하나님의 아들들과 사람의 딸들이 서로 혼인하기 시작했다고 말하고 있다.

14) 어떤 이들은 홍수가 부분적이었다고 하지만, 노아의 홍수는 모든 땅이 물에 잠기는 완전한 홍수였음을 성경은 말하고 있다.

15) (창세기 6:22) "노아가 그와 같이하여 하나님이 자기에게 명하신 대로 다 준행하였더라."

16) (창세기 9:13) "내가 내 무지개를 구름 속에 두었나니 이것이 나와 세상 사이의 언약의 증거니라."

3) 바벨탑 사건

(1) 하나님의 말씀에 관한 불순종

하나님은 노아의 세 아들(셈, 함, 야벳)을 통해 세상이 관리되고 다스려지기를 원하셨다.[17] 이 명령은 홍수 전에 최초의 사람에게도 주신 명령이었다. 하지만 일부 사람들이 하나님의 명령을 따라 세상으로 흩어짐을 원하지 않고, 교만하여 하나님과 같이 높아지려고 탑을 쌓기 시작했다. 이것이 '바벨탑'이다. 이렇게 바벨탑은 하나님의 명령에 대한 인간들의 불순종으로 생겨난 것이었다. 과거 첫 살인자 가인도 죄를 지은 후에 성을 쌓은 적이 있었다.[18] 타락한 인간은 계속해서 무언가를 쌓아 자신의 존재감을 드러내려고 한다.

(2) 언어의 혼잡과 멸망

교만하여 탑을 쌓는 인간들을 흩으시는 하나님의 방법은 너무나 간단했다. 그들의 언어가 서로 통하지 않게 하는 것이었다. 소통의 부재는 더 이상 그들을 하나 될 수 없게 만들었고, 인간들은 각자 언어가 맞는 사람들끼리 모여 흩어질 수밖에 없게 되었다. 인간들은 하나님의 명령에 불순종했지만 결국 그들은 하나님의 명령대로 흩어지게 되었다. 이렇게 흩어진 그들은 각자 문명을 이루며 자신들의 언어를 사용하게 되었고, 오늘날 민족들의 조상이 되었다.

---

17) (창세기 9:1) "하나님이 노아와 그 아들들에게 복을 주시며 그들에게 이르시되 생육하고 번성하여 땅에 충만하라."

18) (창세기 4:17) "아내와 동침하매 그가 임신하여 에녹을 낳은지라 가인이 성을 쌓고 그의 아들의 이름으로 성을 이름하여 에녹이라 하니라."

4) 하나님이 선택한 사람: 아브라함

창세기 12장부터 50장까지는 아브라함과 그의 가족에 대한 이야기이다. 하나님은 아브라함을 선택하시고, 그의 가족들을 시작으로 히브리[19] 민족을 이루게 하시고, 나아가 예수 그리스도의 탄생까지 이끌어 가신다. 학자들은 창세기 12장에서 50장까지를 '족장시대(族長時代, the patriarchal age)'라고 부른다.[20]

(1) 순종의 사람을 찾다

하나님은 인류 구원을 위한 여정에 축복의 통로로 사용될 첫 사람이 필요했고, 이것에 합당한 조건은 순종이었다. 이렇게 하나님께 선택받은 사람이 앞서 말한 아브라함[21]이었다. 하나님은 아브라함을 갈대아 우르(Ur of the Chaldeans)[22]에서 가나안(Canaan)땅[23]으로 부르셨다.

---

19) 히브리는 "건너가다"라는 뜻이다. 가나안 사람들은 아브라함을 가리켜 히브리 사람이라고 불렀다. 이것이 나중에 자연스럽게 아브라함 가문의 명칭이 되었고, 아브라함의 후손들이 히브리 민족으로 불리게 되었다.

20) B.C. 2000-1600년. 족장은 가족이나 가문의 우두머리를 말한다. 아브라함을 필두로 이삭과 야곱으로 이어지는 가족과 가문의 시대를 일컫는 말이다.

21) 아브라함의 본래 이름은 '존경받는 아버지'라는 이름의 뜻을 가진 '아브람'이었으나 하나님에게 부름을 받은 후에 하나님에 의해 '열국의 아버지'라는 뜻을 가진 '아브라함'으로 개명한다(창세기 17:5). "이제 후로는 네 이름을 아브람이라 하지 아니하고 아브라함이라 하리니 이는 내가 너를 여러 민족의 아버지가 되게 함이니라."

22) 남부 메소포타미아의 유브라데 강변에 위치한 아브라함의 고향으로 과거 수메르(지금의 이라크)의 수도였으나 후대에 갈대아인(칼두'[Kaldu]라는 소국(小國)으로 시작하여 B.C. 626년 신(新) 바벨론 제국으로 성장하여 앗수르를 멸망시킨 민족)들이 바벨론(유브라데 강변에 위치한 성읍으로 이 성읍을 중심으로 바벨론 제국이 형성됨)으로 들어온 이후 '갈대아인의 우르'(개역개정판)로 불렸다.

23) '낮은 땅'이란 뜻. 팔레스타인의 옛 이름으로 이스라엘이 정복하기 전 가나안 사람의 땅이었다(민수기 21:3). 위치는 레바논과 수리아(지금의 시리아 지역, 구약에는 아람으

그동안 살던 곳을 떠나 알지도 못하는 새로운 땅으로 간다는 것은 쉬운 일이 아니었다. 더구나 아브라함이 가야 할 길은 오늘과 같은 교통수단이 전혀 없는 상황에서 1,500Km에 이르는 먼 길이었다.[24] 하지만 아브라함은 하나님의 말씀에 순종하였고, 하나님은 아브라함을 통하여 마태복음 1장 1절에서 말하고 있는 아브라함과 다윗의 자손 예수 그리스도의 세계를 준비하게 하시는 것이다.

아브라함을 향한 하나님의 약속이 당장 이루어진 것은 아니었다.[25] 하나님은 아브라함의 믿음이 준비되기까지 기다리셨고 그의 나이가 백 살이 되어서야 아들을 주셨다.

(2) 자녀를 제물로 바치는 아브라함

하나님은 백 세에 얻은 아들인 이삭을 통해서 아브라함을 시험하려고 하셨다. 그래서 아브라함에게 아들을 제물로 바치라는 명령을 하셨다. 물론 하나님은 아브라함의 제사를 위한 제물을 미리 준비하고 계셨다. 단지 아브라함의 믿음을 확인하고 싶으셨던 것이었다. 이 시험에 아브라함은 머뭇거리지 않고 순종하여 하나님께 인정받게 된다. 신약성경에는 아브라함이 하나님께서 죽은 자도 살리실 수 있음을 믿고 그 명령을 따랐다고 설명하고 있다.[26]

로 불렸고, 수리아는 헬라식 명칭이다) 남단에서 가자 지역 남쪽 이집트 시내까지 이르는 땅으로, 통상적으로는 요단 강 서쪽 전 지역을 일컫는데, 성경에서는 '단에서 브엘세바까지'(사사기 20:1; 사무엘상 3:20)로 묘사되기도 한다.

24) Terry Hall, 『특급 구약 관통』 (서울: 나침반, 1997), 50.

25) 하나님은 아직 자녀가 없는 아브라함에게 나라와 민족을 이루겠다는 약속을 하셨다. (창세기 12:2) "내가 너로 큰 민족을 이루고 네게 복을 주어 네 이름을 창대하게 하리니 너는 복이 될지라."

26) (히브리서 11:19) "그가 하나님이 능히 이삭을 죽은 자 가운데서 다시 살리실 줄로 생각한지라 비유컨대 그를 죽은 자 가운데서 도로 받은 것이니라."

아브라함의 믿음에 대한 순종에는 더불어 아들 이삭의 순종도 있었다. 짐을 지고 산을 오를 정도의 나이였던 젊은 청년 이삭의 순종이 없었다면 아브라함은 이삭을 제물로 드릴 수 없었을 것이다. 이러한 이삭의 순종은 예수님의 십자가에 대한 순종을 우리에게 보여준다. 이삭은 모든 인류의 대속(代贖, redemption)[27]을 위한 제물로 친히 어린양이 되신 예수님의 그림자라고 할 수 있다.

5) 믿음의 가장: 이삭

(1) 순종의 아들

이삭은 아버지 아브라함(100세)과 어머니 사라(90세)를 통해 태어났다. 부모들이 늦은 나이에 낳은 귀한 아들이었지만 철없는 불량자가 되지 않고 아버지의 믿음을 본받아 하나님 앞에서 순종의 아들이 되었다. 이삭의 순종하는 모습은 모리아 산에서 절정을 이룬다. 그리고 40세에 아내 리브가를 얻기까지 아버지 밑에서 순종의 아들로 묵묵히 살아간다.[28] 아내를 얻는 과정에서도 이삭은 아버지와 하나님의 뜻에 순종한다.

(2) 믿음의 가장

이삭은 리브가와 함께 믿음의 가정을 이루고 에서와 야곱이라는 두

27) 죄인의 죄나 빚을 대신 갚아 준다는 뜻을 가진 이 말은 예수 그리스도가 만민의 죄를 대신하여 십자가에 매달려 죽으심으로 모든 믿는 자의 죄를 대신 속하였음을 의미하는 말이다.

28) (창세기 25:20) "이삭은 사십 세에 리브가를 맞이하여 아내를 삼았으니 리브가는 밧단 아람의 아람 족속 중 브두엘의 딸이요 아람 족속 중 라반의 누이였더라."

아들을 두고 살았다. 이삭은 나이 많아 늙어서 큰 아들 에서에게 축복하려고 하였다. 이 축복은 족장의 계승과 가문에 대한 계승을 말하는 것이었다. 하지만 하나님의 뜻은 둘째 야곱에게 있었다.[29] 이삭은 형처럼 꾸며 아버지를 속인 동생에게 속아 야곱에게 축복해 주게 되지만 그 또한 야곱을 족장으로 세우시려는 하나님의 뜻이었다. 물론 족장으로서의 자격은 야곱에게 물려주었지만 이삭은 믿음의 조상으로서 하나님앞에 가기까지 언제나 그랬듯이 믿음의 가장으로서 자신의 역할을 하고 있었다.

6) 그럼에도 불구하고: 야곱

(1) 인간의 방법과 하나님의 방법의 차이

야곱은 에서와 쌍둥이 형제로 태어난 동생이었다. 당시에 야곱은 맏아들이 갖게 되는 장자의 축복권[30]에 불만을 가지고 있었다. 그래서 축복권을 차지하기 위해 그는 아버지까지 속이게 된다. 야곱은 이 사실 때문에 형이 두려워 외삼촌 라반이 살고 있는 하란[31]으로 도주한다. 라반의 집은 무려 644km[32] 이상 떨어진 먼 곳이었다. 이렇게 야반도주를

---

29) (창세기 25:23) "여호와께서 그에게 이르시되 두 국민이 네 태 중에 있구나 두 민족이 네 복 중에서부터 나누이리라 이 족속이 저 족속보다 강하겠고 큰 자가 어린 자를 섬기리라 하셨더라."

30) 당시 장자의 축복권은 가정의 가장(家長)과 가문의 족장 계승자로 인정받는 것이었다. 또한 하나님을 믿는 가정으로서 영적인 언약의 계승자라는 특별한 의미도 가지고 있었다.

31) BC 2000년 전부터 사람들이 도시를 이루고 살았던 고대도시로 아브라함이 가나안으로 오기 전에 가족들과 잠시 머물렀던 곳이다. 지금은 사람이 살지 않는 터키 국경 지역으로 터키 남동부 우르파주(州)에 속한 지역이다.

32) 400마일.

하던 야곱은 벧엘[33]에서 잠자는 중에 하나님을 만나고 하나님이 자신과 함께 하실 것을 약속받는다. 사실 야곱이 이렇게 인간의 방법을 쓰지 않았더라도 그는 하나님의 선택과 세우심을 받았을 것이다. 왜냐하면 그는 이미 하나님의 선택받은 사람이었기 때문이다. 하지만 인간의 수단과 방법을 사용한 야곱은 20년 동안 외삼촌 라반의 집에 있으면서 고난의 시련을 통하여 하나님에게 훈련받았다. 그는 이곳에서 네 명의 아내와 11명의 자녀를 얻었다. 12번째 아들 베냐민은 가나안 땅 벧엘에서 에브랏으로 가는 길목에서 태어난다. 이 출산 때 어머니 라헬은 산고로 사망한다. 이렇게 얻은 아들들이 이스라엘의 열두 지파가 되었다.

(2) 벧엘로 가야 한다

다시 돌아온 야곱은 가나안 땅인 세겜[34]에 머물렀다. 세겜은 당시 번화한 도시였다. 하지만 야곱이 가야 할 곳은 세겜이 아니라 과거 하란으로 도망갈 때 하나님을 만나 약속을 맺었던 벧엘이었다.[35] 이곳에서 그는 하나님을 예배해야 할 사명을 가지고 있었다. 그런데 하나님과의 약속을 잊어버리고 번화한 세겜 땅에 머물러 있었다. 결국 세겜에서 외동딸 디나가 세겜 사람들에게 강간을 당하는 사건이 일어나고, 그 일

---

33) 예루살렘 북쪽 세겜 방향으로 약 19㎞, 실로 남쪽 약 29㎞, 아이 성의 서쪽 약 3㎞ 지점에 위치한 곳으로 가나안 정복 전쟁 후 에브라임 지파가 차지하게 되었다(사사기 1:22-25; 4:4-5).

34) 예루살렘 북쪽 66㎞ 지점의 그리심 산과 에발 산 사이의 골짜기에 위치했던 곳이다. 지정학적으로 여러 갈래의 길들이 통과하는 교통 중심지로 가나안을 대표하는 고대 주요 성읍이다. 가나안으로 이주한 아브라함이 처음 방문했던 성읍이며(창세기 12:6), 야곱이 정착하여 땅을 산 곳이다(창세기 33:18-20; 37:12-15).

35) 야곱은 형을 피해 삼촌 라반의 집으로 가는 도중 하나님을 만나 하나님께서 편안하게 다시 돌아오게 해 주시면 이곳에 다시 제단을 쌓고 하나님을 예배하겠다고 약속했다. 이곳은 벧엘이었다(창세기 28:19-22).

로 야곱의 아들인 레위와 시므온이 피의 복수극을 벌이게 된다. 이후 두 아들은 복수극을 한 것 때문에 아버지에게 저주받았다.[36] 야곱은 이 일 후에 세겜에서의 삶을 뉘우치고 벧엘로 올라가[37] 하나님과 맺은 예배의 약속을 지킴으로 남은 생애를 믿음 안에서 살게 된다.

7) 하나님의 꿈을 이루는 사람: 요셉

(1) 꿈을 꾸는 요셉

요셉은 야곱이 라헬에게서 노년에 낳은 열한 번째 아들이었다. 라헬을 향한 사랑이 각별했던 야곱은 요셉에게 특별한 애정을 가졌다. 그래서 다른 형제들이 일하러 갈 때에도 야곱은 요셉을 곁에 두었다. 그런 요셉이 하루는 두 가지 꿈을 꾸게 되었다. 형제들의 곡식단이 요셉의 곡식단을 향하여 절하는 꿈과, 해와 달과 열한 별이 요셉에게 절하는 꿈이었다. 하나님께서 주신 꿈이었지만 이 꿈 때문에 요셉은 형제들에게 미움받게 되었고, 결국 형들에 의해 이집트로 팔려가는 처지가 되었다.

(2) 하나님께서 함께 하심을 믿고 확신하는 요셉

요셉은 노예로 팔려가서도 낙심하지 않고 하나님이 자신과 함께 하심을 믿었다. 그는 노예생활을 했던 이집트 파라오의 친위대장 보디발[38]

---

36) 창세기 49장 5-7절.

37) 야곱은 벧엘에서 하나님을 예배하고 이곳을 엘벧엘(El Bethel)이라고 불렀다. 엘벧엘은 벧엘의 하나님이라는 뜻이다(창세기 35:7). 엘벧엘은 벧엘에서 만났던 하나님을 자신의 하나님으로 인정하는 야곱의 신앙고백이었다.

38) 그는 애굽 왕 바로의 친위대장으로 고위직의 사람이었다. 보디발은 미디안 상인들에게

장군 집에서 인정받았다. 하지만 보디발 장군 부인의 유혹으로 억울하게 누명을 쓰고 감옥에 갇히게 되었는데 이곳에서도 그는 만나는 사람들에게 신임을 얻는다. 하나님은 이렇게 요셉과 함께 하시며 요셉이 하는 일마다 형통하게 하심으로 믿지 않는 사람들조차 요셉의 하나님을 인정하게 하셨다.

(3) 요셉을 향한 하나님의 꿈

요셉은 감옥에서 만난 이집트의 고위 관원들로 인해 이집트의 왕 파라오(Pharaoh)[39]의 꿈을 해석하는 기회를 얻게 된다. 파라오[40]의 꿈은 7년 풍년과 7년 흉년에 관한 것이었다. 이 꿈에 대한 해석으로 인해 요셉은 그 일을 해결할 자로 파라오에게 발탁이 되어 일약 노예와 죄인에서 애굽의 총리로 신분이 상승된다. 이러한 일은 하나님이 야곱의 가족들을 이집트로 인도하기 위한 계획이었다. 이 일로 인해 가나안 땅에 살고 있는 가족들이 이집트로 오게 된다. 만약 그렇게 이주하지 않았더라면 7년 흉년 기간에 야곱의 식구들은 가나안 땅에서 큰 어려움을 겪었을 것이다. 이때 함께 한 가족들은 약 70여 명이었다.[41] 요셉으로

요셉을 사서(창세기 37:36) 노예로 삼고 나중에 그를 신임하여 집안 모든 살림을 총괄하는 직무를 맡겼다. 하지만 보디발은 아내의 말을 믿고 부인을 추행했다는 죄목으로 요셉을 감옥에 가두었다.

39) 고대 이집트 왕으로 이집트의 정치 ·종교적 지도자 역할을 했다. 파라오는 자신을 스스로 신이라고 불렀다. 파라오(Pharaoh)의 어원은 '페르-오'로 이는 본래 '거룩한 자리'를 의미하는 말이었다.

40) 여기에 언급된 파라오에 관하여는 여러 견해가 있으나 대체적으로 애굽의 제12왕조에 속한 아메냄하 3세(Amenemha III)로 추정한다(B.C. 1885년경. Pulpit Commentary).

41) (창세기 46:27) "애굽에서 요셉이 낳은 아들은 두 명이니 야곱의 집 사람으로 애굽에 이른 자가 모두 칠십 명이었더라." 여기에는 종들이 포함되지 않았다. 종들까지 포함한다면 그 숫자는 더욱 많았을 것이다.

인하여 야곱의 가족들은 이집트 고센[42]땅에서 안전하게 지내게 되고, 그 이후 약 400년에 걸쳐 한 가문이 한 민족으로 크게 성장하게 된다.

하지만 요셉은 자기 가족들의 애굽 생활이 약 400년 정도에 머물 것을 이미 알았다.[43] 왜냐하면 과거에 하나님이 조상 아브라함에게 그렇게 약속하셨기 때문이다.[44] 그래서 그는 임종 직전에 후손들이 하나님의 약속의 땅으로 돌아가게 될 때 자신의 유골을 함께 가지고 갈 것을 요구하였다.[45]

[그림] 요셉과 야곱의 애굽행[46]

42) '땅의 언덕'이란 뜻으로 애굽의 나일 강 삼각주 남동 지역에 위치하고, 목축에 알맞은 기름진 땅이다.

43) 출애굽기 12장 40절에는 약 430년 정도 애굽에 머물렀던 것으로 말하고 있다.

44) (창세기 15:13-14) "[13] 여호와께서 아브람에게 이르시되 너는 반드시 알라 네 자손이 이방에서 객이 되어 그들을 섬기겠고 그들은 사백 년 동안 네 자손을 괴롭히리니 [14] 그들이 섬기는 나라를 내가 징벌할지며 그 후에 네 자손이 큰 재물을 이끌고 나오리라."

45) (창세기 50:25) "요셉이 또 이스라엘 자손에게 맹세시켜 이르기를 하나님이 반드시 당신들을 돌보시리니 당신들은 여기서 내 해골을 메고 올라가겠다 하라 하였더라."

46) http://biblenara.org/onbible/onbible14.htm

제3장

율법서-2

히브리 민족의 이집트 생활이 약 400여 년이 흐르고 있었다. 그 사이에 히브리 민족을 향한 이집트의 우호적인 태도는 많이 바뀌어 매우 적대적인 태도로 바뀌었다. 심지어 모세가 태어날 당시의 이집트 왕 파라오는 남자 아이들을 모두 죽이도록 산파들에게 명령하였다.[1)]

이렇게 급박한 상황은 하나님의 약속에 대한 실현을 기다리고 있었다. 이것은 약 400여 년 전에 하나님이 아브라함에게 약속한 출애굽의 약속이었다.

1) 모세가 태어날 당시의 이집트 파라오는 이집트 제18왕조 제6대 왕 투트모스 1세(재위 B.C. 1539-1514)였다. 그는 히브리 민족에게 과도한 노역을 시키며, 유아 살해 명령까지 내렸다. 모세의 양모는 아멘호텝 1세의 딸과 투트모스 1세 사이에서 태어난 하셉수트(Hatshepsut)였다. 그리고 양부는 투트모스 2세였다.

1. 출애굽기

1) 주요 내용

출애굽기는 창세기의 연속선상에 있다. 가나안에서 이집트로 이주한 야곱의 후손들은 세월이 흐르면서 요셉을 모르는 이집트의 왕들로부터 무시당하고 고통의 세월을 보내게 된다. 세월이 흘러 400여 년이 지났을 때 70명으로 시작된 야곱의 후손들은 무려 2백만 명으로 증가해 있었다.[2)]

하나님은 야곱의 후손(이스라엘 민족)들의 고통소리를 들으시며 과거 아브라함과 약속한 대로 모세를 통하여 출애굽하게 하신다. 하지만 하나님은 이집트 파라오[3)]의 반대에 부딪치게 되고, 열 가지 재앙[4)]으로 파라오를 무릎 꿇게 하시며 이스라엘 민족의 출애굽을 이루신다.[5)] 출애굽에 성공한 이스라엘 백성들은 홍해를 건너고 광야를 지나

2) 이러한 통계는 성경에 장정만 60만 명이라고 기록하고 있기 때문이다(출애굽기 12:37). 그래서 아이들과 여성들을 합치면 약 2백만 명 정도로 추정한다. 그런데 이스라엘이 출애굽 할 때는 이스라엘 백성들만 있었던 것이 아니라 그들의 종들이나 잡족들도 있었다. 그래서 그 수가 더했을 수도 있다. 출애굽기 12장 38절에는 “수많은 잡족과 양과 소와 심히 많은 가축이 그들과 함께 하였으며”라고 기록하고 있다. 여기서 잡족은 당시 혈연적 교류로 함께 살던 사람들이거나 아니면 이방인이지만 하나님을 섬기기로 작정한 자들, 그리고 이집트의 혈통이 아니라 이스라엘 민족과 같은 셈족 계통으로 함께 애굽 탈출을 원하는 자들이었을 것이다.

3) 여기에 등장하는 파라오는 투트모스 3세 뒤를 이어 왕위에 오른 아멘호텝 2세(Amenhotep II, B.C. 1448-1424년)로서 출애굽 당시(B.C. 1446년)의 파라오(Pharaoh)이다. 그의 아버지 투트모스 3세는 모세의 형제였다. 그리고 아멘호텝 2세(Amenhotep II, B.C. 1448-1420)는 조카인 셈이다.

4) 그 재앙들은 피, 개구리, 이, 파리, 악질(악한 전염병), 독종(물집을 동반한 독한 피부병. 종기), 메뚜기, 우박, 흑암, 장자의 죽음이었다.

5) 하나님의 승리는 이스라엘의 하나님이 스스로 신이라 자처하는 이집트의 신을 물리친 영적 전쟁의 승리였다. 이 사건은 이스라엘 민족들에게 하나님에 대한 대단한 신뢰를

시내 산[6]에서 율법(律法, law)[7]을 받고 하나님을 예배하는 성막(聖幕, tabernacle)[8]을 만들어 광야생활을 하게 된다.

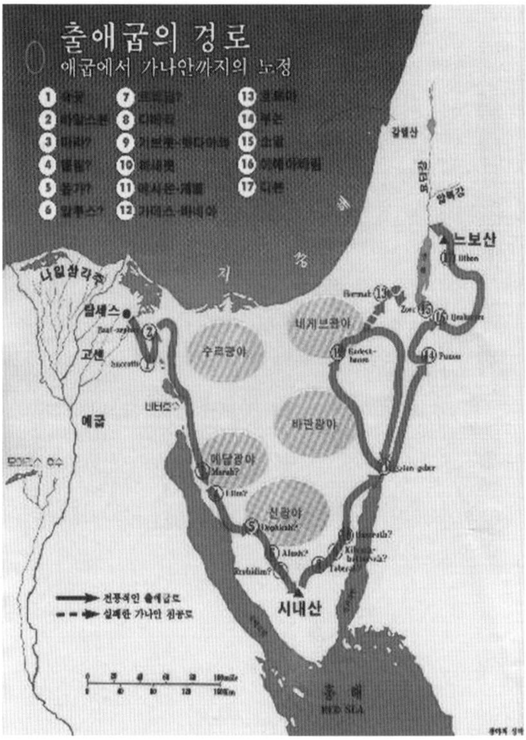

[그림] 출애굽의 경로[9]

주었을 것이다. 출애굽의 연도는 대략 B.C. 1446년경으로 본다.

6) 현재 이집트의 영토인 시나이 반도 남단에 위치한 산으로 오늘날 해발 2,291m의 '예벨 무사'(Jebel Musa)로 추정된다.

7) 여기에서는 모세가 시내산에서 하나님께 받은 열 가지 계명을 가리키는 말로 하나님의 백성으로서 하나님을 섬기는 것과 사람들과의 관계에 대한 하나님의 명령들을 말한다.

8) 이스라엘 백성들의 이동식 성전이었다. 천으로 만들어졌기에 성막이라 불렀다. 성막이 솔로몬 성전으로 변화되었고, 오늘날의 교회가 되었다.

9) http://blog.naver.com/flower5353/140050968497

2) 주요 사건들

(1) 출애굽과 열 재앙(1-15장)

하나님은 모세를 통하여 이스라엘 민족의 출애굽을 명하셨지만 당시 이집트의 파라오는 이스라엘 민족의 노동력을 포기하지 못하고 허락하지 않았다. 이에 하나님은 열 가지 재앙을 통하여 자신의 존재를 나타내시고 출애굽을 완성시키셨다. 열 가지 재앙은 하나님이 만물의 주인이시며 참 신이심을 보여주는 증거였다. 열 가지 재앙에 나타나는 것들은 대부분 이집트의 신들이었고, 파라오는 태양신의 아들이었기에 그 자신도 신이었다. 마지막 재앙은 장자의 죽음이었는데 하나님은 이스라엘 백성들에게 재앙을 피할 방법으로 문설주에 양의 피를 바르게 하였다.[10] 죽음의 사자가 그 집을 넘어가게(pass over) 함으로 유월절(逾越節, Passover)이라는 절기가 생겨났다.[11] 이것은 예수의 보혈로 말미암은 구속의 예표이기도 했다.

(2) 시내산과 율법(16-40장)

출애굽 한 이스라엘 백성들은 홍해를 건너 3개월 만에 시내 산에 도착하였다.[12] 이곳에서 하나님은 이스라엘 백성들에게 율법을 주며 언약을 맺으신다. 하나님은 이스라엘 백성들의 하나님이 되시고, 이스엘

10) 파라오 아들이 죽은 것은 신의 아들이 죽은 것이었다. 이것은 파라오와 이집트에게 가장 큰 충격이 되었을 것이다.

11) Terry Hall, 『특급 구약관통』(서울: 나침반, 1997), 64.

12) (출애굽기 19:1), "이스라엘 자손이 애굽 땅을 떠난 지 삼 개월이 되던 날 그들이 시내 광야에 이르니라."

백성들은 하나님의 백성이 되는 언약이었다.[13] 일종의 결혼식과 같은 은혜의 언약이었다.[14]

(3) 성막과 광야길

하나님은 이스라엘 백성들이 예배를 드리고 자신들의 죄를 회개하며 하나님 앞에서 정결하게 할 수 있는 속죄의 공간으로 '성막'을 허락하셨다. 이 성막은 출애굽 한 지 약 2년 뒤에 세워지며, 이스라엘 백성들의 광야생활은 성막을 중심으로 하는 생활이 되었다.

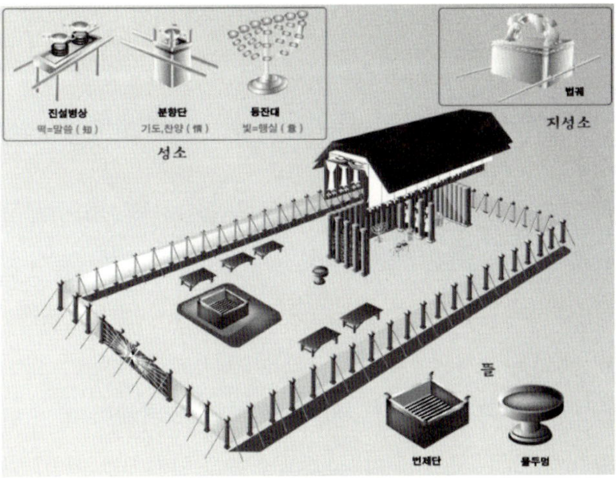

[그림] 성막 배치도[15]

13) (레위기 26:12) "나는 너희 중에 행하여 너희의 하나님이 되고 너희는 내 백성이 될 것이니라."

14) 신약에서는 예수님이 우리의 신랑이 되시고 우리가 예수님의 순결한 신부가 된다. (마태복음 25:1) "그 때에 천국은 마치 등을 들고 신랑을 맞으러 나간 열 처녀와 같다 하리니."

15) http://cafe.naver.com/yohanycb/430

2. 레위기

1) 주요 내용

시내 산에서 이스라엘 백성들과 언약을 맺으신 하나님은 이들이 예배하고, 하나님 앞에서 정결한 삶을 살아가는 방법을 가르쳐 주셨다. 그러므로 레위기는 이스라엘 백성들에게 하나님을 예배하는 방법과 절기와 성막에서 하나님께 드리는 제사를 주관하는 제사장들에 관한 각종 율례들을 기록하고 있다.

2) 세부 내용

(1) 5가지 제사(1-8장)

① 번제(燔祭, burnt offering): 제물을 불로 태워 희생제물의 향기로 하나님을 기쁘게 하는 제사로 이스라엘의 가장 일반적인 제사였다. 번제물로는 수송아지, 숫양, 숫염소 등 흠 없는 수컷으로 드려졌고(1:3, 10; 9:2-3), 예외로 가난한 자에게는 산비둘기와 집비둘기 새끼도 허용되었다(1:4). 번제는 매일 아침, 저녁을 드리는 상번제와 절기 때 드리는 특별 번제가 있었다. 신약에 와서는 예수님이 친히 번제물이 되셨다.

② 소제(素祭, grain offering): 피 없는 곡류(곡식을 빻은 가루나 빵)를 드리는 유일한 제사로 노동의 성결을 상징하고 자신의 모든 소유가 하나님의 것임을 고백하는 제사이며 주로 다른 제사와 함께 드린다.

③ 화목제(和睦祭, Peace offering): 하나님과 사람과의 관계를 화목하게 하려고 동물을 제물로 드리는 제사로, 하나님과 화목을 통하여

하나님 안에서 참된 안식을 누리게 됨을 감사하는 제사였다. 화목제의 제물은 제사장과 제사를 드리는 사람이 함께 나누어 먹는데, 자원하여 드리는 '자원제'와 서약의 이름을 감사하여 드리는 '서원제'가 있다.

④ 속죄제(贖罪祭, sin offering): 자신이 지은 죄의 대가로 짐승을 제물로 바치는 것이다. 속죄라는 말의 뜻처럼 자신의 죄를 짐승에게 전가시키는 것이었다. 속죄제는 속죄뿐만 아니라 해산이나 나병과 같은 의식적(儀式的)인 부정으로부터 정결함을 얻기 위해서도 행해졌다.

⑤ 속건제(贖愆祭, guilt offering): 생활 중에 실수로 범한 죄(5:15)나 의무를 소홀히 하여 타인에게 피해를 입혔을 경우(사무엘상 6:3)에 드리는 사죄와 보상에 관한 제사이다. 희생제물을 드리기 전에 잘못한 이웃에게 손해를 끼친 것에서 5분의 1을 더한 완전한 배상을 한 후에(6:2-5) 흠 없는 숫양으로 속건제를 드렸다. 특별한 경우에는 성적인 범죄(19:20-22)나 나병환자의 정결예식(14:10-20)에도 사용되었다.

[그림] 성막의 제사모습[16)]

16) http://blog.naver.com/manna0729/80101569021

(2) 속죄제와 번제의 차이

① 속죄제는 직급에 따라 재물이 달랐다: 고위 직분을 가진 사람의 죄가 더 중하게 취급되었다.

② 피를 뿌림이 다르다: 번제는 제단 사방에 뿌리지만 속죄제는 번제단 뿔에 바르고 번제단 아래에 모두 쏟았다. 속죄제는 번제에 비하여 죄의 심각성을 더욱 강조하고 있다.

③ 속죄제는 피 없는 제사도 허용되었다: 번제는 최소한의 제물이 비둘기였으나 속죄제는 고운 가루도 가능했다. 그 이유는 아무리 가난해도 죄 용서함을 받을 수 있음을 말하는 것이다.

④ 속죄제는 가죽도 태운다: 번제를 드릴 때 가죽은 제사장 몫이었지만, 속죄제는 모두 태우고, 살코기도 진영 밖 재를 버리는 곳에서 모두 태웠다. 죄가 그만큼 더럽고 추하다는 것을 강조하기 위함이었다.

(3) 7가지 절기 (23-25장)

① 유월절(逾越節, Passover): 넘어가다'(pass over)라는 뜻으로 출애굽 전날 밤에 하나님이 보내신 죽음의 사자가 이집트의 장자들을 죽일 때 어린양의 피를 문설주에 바른 이스라엘 백성들의 집은 넘어갔다. 이들이 구원을 받고 나아가 이집트로부터 해방을 받아 출애굽 하게 된 것에서 유래한 절기이다.

② 무교절(無酵節, the Feast of Unleavened Bread): 출애굽 할 때 누룩 없는 빵을 구워 먹은 것을 기념하는 절기이다. 유월절 다음날부터 7일 동안 무교병을 먹고 매일 하나님께 화제(火祭, offering by fire)[17]

17) 희생제물을 불에 태워 드리는 제사를 일컫는 말이다. 곡물을 제물로 드리는 소제(素祭)를 제외한 구약의 다른 제사(번제, 속건제, 속죄제, 화목제 등)들은 희생제물을 번

를 드렸다.[18)]

③ 초실절(初實節, Feast of Firstfruits): 유월절 후 첫 안식일 다음 날로 추수 전에 곡식의 첫 이삭 한 단을 하나님께 드리는 절기이다. 당시에는 보리와 밀이 먼저 수확됨으로 주로 보리를 드린다. 칠칠절과 구별되는 것은 초실절은 이스라엘 전체의 수확을 감사하는 절기이고 칠칠절은 각 개인의 수확을 감사하는 절기이다.

④ 칠칠절(七七節, Feast of Weeks): 초실절로부터 50일째 해당하는 날로, 수확할 수 있도록 복을 주신 하나님께 감사하는 날로서 '맥추절'(출애굽기 23:16), '오순절'이라고도 부른다(민수기 28:26; 신명기 16:10). 이 날은 성회로 모여 제사 드리며 하나님의 풍성한 은혜를 감사하였다.

⑤ 나팔절(喇叭節, feast of trumpets): 숫양의 뿔로 된 나팔을 하루 종일 일정한 간격으로 불어 성회를 선포하였다. 태양력으로 약 10월 경(유대력으로는 7월)의 첫날(1일)에 지키는 절기이다. 나팔이 불린 그달에는 대속죄일과 초막절 등이 있었다. 이날은 하루 동안 노동을 금하고 안식하며 성회를 가지고 희생제사를 드렸다(민수기 29:1-6; 레위기 23:24-25).

⑥ 속죄일(贖罪日, day of atonement): 나팔절이 있는 그달 10일의 대속죄일을 가리킨다. 이날은 국가적인 속죄일이다. 대제사장은 자기와 그 가족과 전 국민의 죄를 성결케 하기 위한 속죄 의식을 행하였다. 특히 대제사장은 일 년 중 이 날에만 희생의 피를 가지고 지성소에 들어갔다(23:7; 25:9).

제단의 불에 태워 드리는 화제였다. 그래서 소제의 경우는 반드시 다른 제사와 겸하여 드려져야만 했다.

18) (레위기 23:8) "너희는 이레 동안 여호와께 화제를 드릴 것이요 일곱째 날에도 성회로 모이고 아무 노동도 하지 말지니라."

⑦ 초막절(草幕節, Feast of Tabernacles): 출애굽 한 이스라엘 백성들이 40년 동안 광야에서 장막 생활한 것을 기념하는 절기로 대속죄일이 있는 그달 15일에서 일주일 동안이다. 이날에 이스라엘 백성들은 초막을 짓고 온 가족이 초막에서 지내며 절기를 지켰다. 특히 농사를 끝내고 곡식을 추수한 시기에 열린 관계로 추수감사절 성격도 가지고 있어 수장절(收藏節, feast of ingathering)이라고도 부른다(출애굽기 23:16). 이 날은 '유월절', '칠칠절'과 더불어 이스라엘의 3대 절기 가운데 하나이다(출애굽기 34:22).

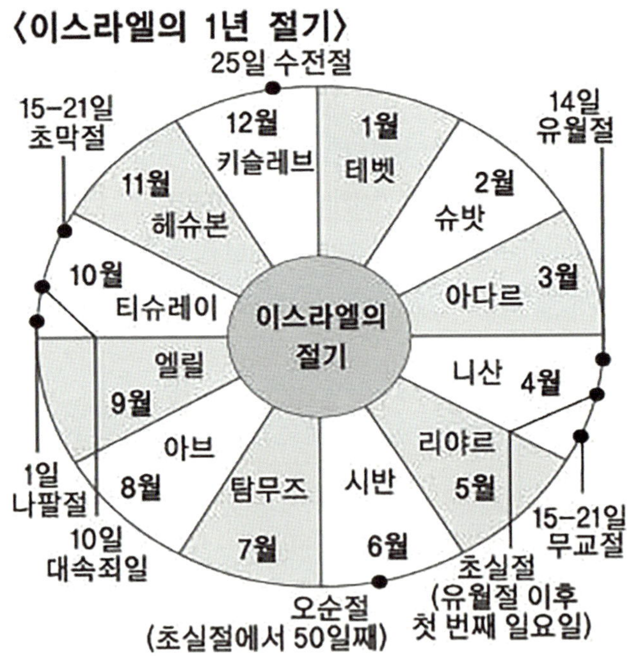

[표] 이스라엘의 절기[19]

19) http://news.naver.com/main/read.nhn?mode=LSD&mid=sec&sid1=103&oid=005&aid729

3. 민수기[20]

1) 주요 내용

민수기는 이스라엘 백성들이 시내 산을 출발하여 가나안 땅에까지 이르는 여정이 기록되어 있다. 짧게는 2주, 길게는 1년이면 충분히 들어갈 수 있는 가나안 여정이 40년이나 걸리게 된 이유를 설명하고 있다. 민수기에 등장하는 이스라엘 백성들의 모습은 범죄와 배교와 실패를 드러내고 있다. 그럼에도 이스라엘 백성들을 포기하지 않고 인도하시는 하나님의 사랑과 긍휼하심이 기록되어 있다.

2) 주요 사건

(1) 가데스바네아에서의 불순종(10-14장)

시내 산에서 11개월을 보낸 이스라엘 백성들은 가나안 땅을 향하여 출발했다. 얼마 지나지 않아 이스라엘 백성들은 가나안 땅의 남쪽 입구인 가데스바네아에 도착했다.[21] 이곳에서 이스라엘 백성들은 가나안 땅에 열두 정탐꾼을 보낸다. 이들이 정탐을 마치고 40일 만에 돌아왔는데, 열 명의 정탐꾼이 가나안 땅에는 견고한 성읍들과 큰 사람들이 있어 들어가기 어렵다면서 부정적인 보고를 하였고, 두 명의 정탐꾼인 여호수아와 갈렙은 이곳은 하나님이 주신 땅이고 얼마든지 정복이 가능한 땅이라고 보고했다.

---

20) 민수기의 히브리 이름은 '광야에서'라는 뜻이고, 영어 표현은 숫자를 헤아렸다는 뜻이다.
21) (신명기 1:2) "호렙산에서 세일 산을 지나 가데스바네아까지 열 하룻길이었더라."

하지만 이스라엘 백성들은 열 명의 정탐꾼 말을 따라서 하나님과 모세를 원망하다가 심판을 받게 된다. 그 후로 이스라엘 백성들은 가나안 땅을 정탐한 날짜 하루를 일 년으로 계산하여 40년 동안 광야에서 지내게 되었다.[22]

(2) 광야의 구리뱀(20-21장)

이스라엘 백성들은 그 후 40년 만에 다시 가데스바네아로 돌아온다. 하지만 땅을 차지하고 있던 에돔 족속이 길을 열어주지 않자 하나님은 이스라엘 백성들을 가나안 동쪽으로 인도하신다. 이스라엘은 이것마저 불평하면서 하나님과 모세를 원망하기 시작했다. 결국 하나님은 불뱀(venomous snake)[23]을 보내어 이들을 심판하셨는데, 모세의 기도를 들으신 하나님이 장대에 달린 구리뱀을 본 사람들을 구원하시기로 하셨다.

이것은 신약에서 인류의 죄를 위하여 십자가에 매달리신 예수 그리스도를 상징하는 것으로, 요한복음 3장 16절의 말씀처럼 누구든지 그를 믿는 자는 구원을 얻게 하신다는 약속을 미리 보여주신 것이었다.[24]

---

22) (민수기 14:34) "너희는 그 땅을 정탐한 날 수인 사십 일의 하루를 일 년으로 쳐서 그 사십 년간 너희의 죄악을 담당할지니 너희는 그제야 내가 싫어하면 어떻게 되는지를 알리라 하셨다 하라." 이 사건으로 인해서 출애굽 1세대는 광야에서 대부분 생을 마감하였다.

23) 시내 광야 등에 사는 붉은 반점을 가진 맹독성 뱀으로 이 뱀에 물리면 고열에 시달리다 죽는 특성이 있어 '불뱀'이라고 부른 것으로 보인다.

24) (요한복음 3:16) "하나님이 세상을 이처럼 사랑하사 독생자를 주셨으니 이는 그를 믿는 자마다 멸망하지 않고 영생을 얻게 하려 하심이라."

(3) 발람[25]과 바알브올(Baal-Peor)[26]의 범죄(22-25장)

가나안 땅을 향해 가는 이스라엘 민족에게 위협을 느낀 족속이 있었는데 모압(현재의 요르단)이었다. 모압은 이스라엘의 소식을 들으면서 나름대로 위협을 느꼈다. 그래서 모압의 왕 발락이 미디안의 술사(術士)인 발람에게 이스라엘을 저주하게 하였다. 하지만 이 계획이 실패로 돌아가자 이스라엘이 싯딤에 머물러 있을 때 모압 여자들이 이스라엘 남자들을 유혹하여 우상제물을 먹게 하고 바알브올의 숭배에 참여하게 하는 죄를 짓게 하였다. 결국 이 일로 이스라엘 진영에 치명적인 전염병이 돌아 2만 4천 명이 죽게 되었고, 하나님은 모세에게 미디안을 멸망시키라는 명령을 하셨다.

(4) 가나안의 진 배치와 토지 분배(32-36장)

하나님은 이스라엘 백성들이 가나안 땅을 정복하기 전에 이미 가나안의 땅을 분배해 주신다. 이것은 하나님이 가나안의 주인인 것과 하나님의 약속은 반드시 이루어짐을 말하는 것이었다. 그중에 레위 지파는 땅 분배에서 제외된다. 성전을 섬기는 책임을 받았기 때문이다.

---

25) 브올의 아들로 B.C. 15세기경에 유프라테스강 유역의 상류, 사유르강 근처 아람 사람들의 성읍인 브돌에 살았던 사람이다. 그는 이스라엘 사람은 아니었지만 하나님에 관해 어느 정도 알고 있는 술사(術士)였다.

26) '브올에서 섬기는 바알', '열리는 바알'이란 뜻으로 모압의 우상신이었다. 바알브올은 '생식'(生殖)과 '출산'을 관장하는 신으로 숭배에 있어서는 신전 여 사제와의 음란한 제사 의식이 수반되었다.

하나님이 가나안 땅을 나누는 방법은 제비뽑기[27]였다.[28] 이것은 두 가지 의미를 가진다. 하나는 시비가 없게 하려는 하나님의 선한 의도였고, 또 한 가지는 이스라엘 백성들에게 가나안 땅이 과거 40년 전에 정탐했을 때의 마음과 같이 자신들의 힘과 능력으로 얻어지는 것이 아니라 하나님의 약속과 역사하심으로 얻어지는 것임을 스스로 확신하게 하기 위함이었다.

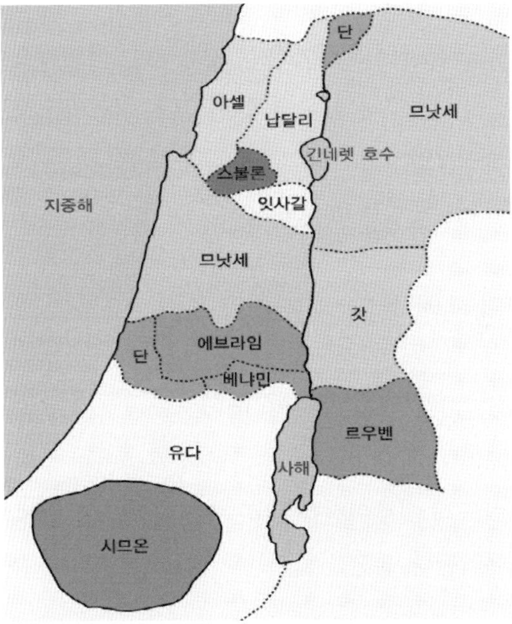

[그림] 이스라엘 12지파의 가나안 땅 분배[29]

27) 성경에서 어떤 일을 결정할 때 신의 계시에 의존하여 종종 사용하는 방법이었다. 본문의 가나안 땅 분배를 시작으로 사사기 20장에서 이스라엘 중에 기브아를 치기 위해 출전할 병력을 선발하는 일이나, 사무엘상 10장에서 사울을 왕으로 선택하는 방법 등 여러 가지가 있다. 신약에서는 가룟 유다를 대신하여 맛디아를 선택할 때 사도행전 1장에서 제비를 뽑은 일을 볼 수 있다.

28) (민수기 26:55) "오직 그 땅을 제비 뽑아 나누어 그들의 조상 지파의 이름을 따라 얻게 할지니라."

29) http://www.godpeople.com/?C=6662

4. 신명기[30)]

1) 주요 내용

이제 모세는 광야생활을 마무리하고 가나안 땅을 앞두고 자신의 인생을 정리하고 있다. 모세의 사역은 이후에 여호수아가 맡게 된다. 모세가 하나님으로부터 율법을 받은 지 40년이 지났다. 그 사이에 출애굽 한 1세대는 여호수아와 갈렙을 제외하고는 모두 죽고(민 26:65), 새로운 2세대가 주류를 이루고 있었다. 가나안 땅에 들어갈 2세대에게 마지막 유언 형식으로 모세가 하나님의 율법을 다시 가르치고 있는 내용이 신명기다. 끝으로 모세는 느보산(Mount Nebo)[31)]에서 가나안 땅을 바라보며 하나님의 약속이 이루어질 것을 믿고 죽는다.[32)]

2) 세부 내용

(1) 첫 번째 설교(1:1-4:43): 역사

11일 간의 여행으로 갈 수 있던 길을 40년 동안 긴 세월과 많은 수고와 고생 끝에 도착한 가나안 땅의 맞은 편 모압 평원에서 모세는 지난날 이스라엘 역사를 회고하고 있다. 모세는 회고를 통하여 광야 2세대에게 출애굽과 하나님의 인내에 대해 말하고 있다. 결국 모세의 설교

30) 한글로 신명기(申命記)는 하나님의 계명을 더욱 자세히 설명해 주는 책이라는 뜻이다.

31) 이스라엘 사해 북동쪽 9㎞ 지점에 위치한 아바림 산맥의 최고봉으로 북서쪽에 비스가 산이 있다. 모세가 요단강 건너편 약속의 땅 가나안을 바라보며 하나님의 부름을 받은 산이다. 오늘날에는 '제벨 엔 네바'(Jebel en-Neba)로 불린다.

32) (신명기 34:1) "모세가 모압 평지에서 느보산에 올라가 여리고 맞은편 비스가 산꼭대기에 이르매 여호와께서 길르앗 온 땅을 단까지 보이시고."

핵심은 1세대의 불순종과 그들이 약속의 땅에 들어가지 못한 것을 상기시키면서 하나님 앞에 순종하는 삶을 살 것을 권면하고 있다.

(2) 두 번째 설교(4:44-26:19): 율법

모세는 두 번째 설교를 통하여 그들이 하나님과 맺은 언약 백성인 것을 말하고 있다. 그러므로 모세는 십계명으로부터 시작되는 율법을 재정리하면서 말씀에 순종하는 하나님의 백성으로서의 삶을 권면한다. 5장에서는 십계명을 이야기하는데 대부분은 이 십계명을 확대 적용한 것이라고 볼 수 있다.

(3) 세 번째 설교(27-34장): 작별

죽음을 눈앞에 둔 모세는 자신의 생이 마친 뒤에 전개될 이스라엘 역사에 대해 예언적으로 말하고 있다. 모세는 마지막 설교에서 가까운 장래에 이스라엘이 경험하게 될 축복과 저주, 그리고 먼 장래에 일어날 포로 사건과 귀환까지 예언하고 있다. 또한 모세는 자신의 후계자로 여호수아를 세우고 그에게 모든 지휘권을 위임한다.[33)]

33) (신명기 34:9) "모세가 눈의 아들 여호수아에게 안수하였으므로 그에게 지혜의 영이 충만하니 이스라엘 자손이 여호와께서 모세에게 명령하신 대로 여호수아의 말을 순종하였더라."

제4장

역사서

여호수아서로부터 에스더서에 이르는 열두 권의 성경은 역사서로 분류한다. 이 열두 권의 성경은 역사적 성격을 가진 성경들이며 시대적으로 가나안 정착(여호수아서)에서부터 사사시대(사사기서)와 왕국의 건설, 분열과 멸망을 다루고 있고, 그 후에 바벨론 포로기와 포로기 이후 예루살렘 귀환까지 다루고 있다.

여호수아서는 이스라엘 민족의 가나안 정착 과정에 대해 기록하고 있다. 길갈에서의 할례와 여리고 성의 정복, 아이 성 사건 등 특정 사건에 대해서는 자세하게 기록하고 있지만, 남쪽과 북쪽의 남은 가나안 땅을 정복하는 과정은 간략하게 소개하고 있다. 사사기는 이스라엘의 건국 과정에 대한 역사를 제시한다기보다는 이스라엘 백성들에 대한 하나님의 심판과 은혜의 규칙적인 형태를 제시하고 있다. 사무엘 상

·하는 이스라엘의 건국에 대한 보다 자세한 역사적 과정을 다루고 있다. 열왕기 상·하는 북 왕국 이스라엘과 남 왕국 유다의 열왕들에 대한 연대기적 기록이지만 왕들의 정치적인 업적보다는 하나님에 대한 그들의 신앙에 초점을 맞추고 있다.

1. 여호수아서

여호수아서는 신명기서에 이어 가나안 정복과 분배 과정에 대해 기록하고 있다. 중심인물은 여호수아다. 그는 에브라임 지파 출신으로 이집트에서 태어나 이스라엘 백성들과 함께 광야 길을 행군한 사람이었다. 여호수아는 모세의 충성된 부하였다. 그는 가나안 땅을 앞두고 모세로부터 위임받아 민족의 지도자가 되어 이스라엘 민족을 이끌고 요단강을 건너 가나안 땅으로 진군하게 된다.

그는 우선 두 사람의 정탐꾼을 여리고로 보내 적진을 미리 탐색하게 했다. 이 과정에서 기생 라합(Rahab)[1]이 생명의 위협을 무릅쓰고 정탐꾼을 숨겨 주었다(2:1-24). 기생 라합은 믿음으로 정탐꾼을 안전하게 영접하였으므로 다른 여리고 사람들과 함께 멸망 당하지 않고(히브리서 11:31), 오히려 예수 그리스도의 족보에 포함되는 영광을 누렸다. 라합은 살몬과 결혼하여 보아스(Boaz)를 낳았고, 보아스는 모압 출신 이방 여인 룻과 결혼하였으며 룻은 다윗의 증조모가 되었다(마태복음 1:5 이하).

이스라엘 백성들이 요단강을 건널 때는 물이 언덕까지 넘치는 시기였기에 백성들이 함부로 건널 수 없었다(3:15). 그렇지만 하나님께서는

1) 라합의 아들 보아스가 다윗 임금의 증조부가 되므로 다윗 임금의 조상이 됨과 동시에 나아가 예수 그리스도의 계보에 오르는 영광을 얻게 된다(마태복음 1:1).

언약궤를 맨 제사장들로 하여금 요단강 물을 밟게 하시니 물이 무더기처럼 쌓여 백성들이 건너갈 수 있었다(여호수아 3:14-17).

이스라엘 군대는 하나님의 명령대로 일곱 명의 제사장이 나팔을 불며 여리고 성을 칠일 동안 돌고 마지막 날에 온 백성들이 크게 소리를 지를 때 하나님의 도움으로 여리고 성이 무너지고 이스라엘 백성들은 쉽게 여리고 성을 정복할 수 있었다. 그러나 여리고 성보다 규모가 작은 아이(Ai) 성의 정복 과정에서는 의외의 패배를 맛보았다. 그것은 이스라엘 백성들이 지은 죄의 결과였다(여호수아 7:11). 제비 뽑기를 한 결과 유다 지파에 속한 아간이 지목되었고, 아간은 이 전쟁에서 바친 바 된 여리고성의 물건이 탐이나 감추었다고 고백했다(여호수아 7:14-15). 이 일로 아간의 가족은 죽음으로 심판 받았고, 그 후에 이스라엘은 아이성 전투에서 승리하였다.

이스라엘 군대는 계속해서 승리하였다. 남쪽에 있는 다섯 왕들이 전쟁을 걸어왔으나 이스라엘이 승리하였다. 하나님은 이스라엘의 승리를 위해 우박을 내리시고 태양을 중천에 머물게 하심으로 완전한 승리를 거두게 하셨다(여호수아 10:6-14). 이어서 북쪽에서 일어난 하솔을 비롯한 연합 왕들을 단 번에 토벌하였다(여호수아 11:10). 이후에 여호수아는 가나안 땅을 이스라엘 지파들에게 나누어 주며 전쟁을 끝마쳤다(여호수아 11:23). 12장부터는 땅을 열두 지파들에게 분배하는 내용이 기록되어 있다.

이스라엘의 가나안 전쟁은 하나님의 성전(聖戰, holy War)이었다.[2]

2) 성경에서 하나님은 종종 전쟁이 자신에게 속한 것이라는 것을 이스라엘 백성들에게 말씀하셨다.
(사무엘상 17:47) "또 여호와의 구원하심이 칼과 창에 있지 아니함을 이 무리에게 알게 하리라 전쟁은 여호와께 속한 것인즉 그가 너희를 우리 손에 넘기시리라."
(역대하 20:15) "야하시엘이 이르되 온 유다와 예루살렘 주민과 여호사밧 왕이여 들을지어다 여호와께서 이같이 너희에게 말씀하시기를 너희는 이 큰 무리로 말미암아 두려

하나님은 가나안 땅에 하나님의 나라를 건설하기를 원하셨다. 그러기 위해서 이스라엘은 가나안 땅을 점령할 뿐만 아니라 가나안 땅에서 우상을 없애고 하나님의 말씀을 앞세우는 신앙의 실천이 필요했다. 하지만 여호수아서에 이어지는 사사기서는 하나님의 의도대로 순종하지 않는 이스라엘 백성의 모습과 그로 인한 징계를 우리에게 보여준다.

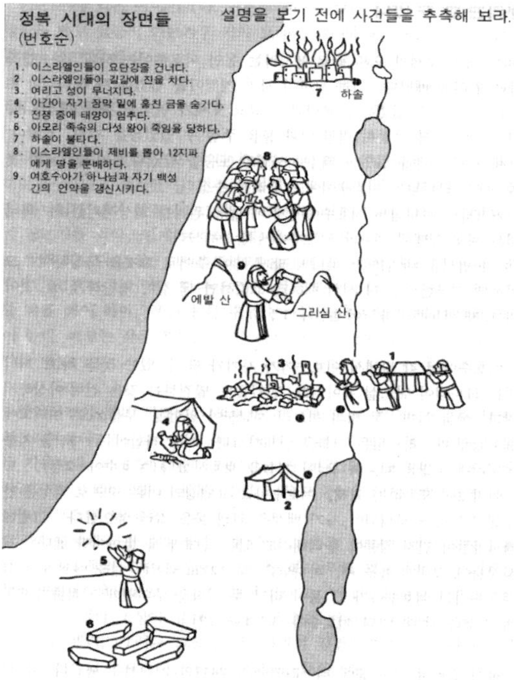

[그림] 가나안 정복 장면[3]

워하거나 놀라지 말라 이 전쟁은 너희에게 속한 것이 아니요 하나님께 속한 것이니라."

3) Terry Hall, "특급 구약관통"(서울: 나침반, 1987), 94.

2. 사사기

이스라엘 백성들이 가나안 땅에 정착한 뒤부터 왕국을 건설하기까지 약 300여 년의 기간을 사사시대라고 한다(11:26).[4)]

이스라엘 백성들은 출애굽 후 40년 동안 광야에서 인도하셨고 가나안 땅에 정착하게 하신 하나님의 은혜를 잊어버리고 가나안 족속의 신들을 섬기며 살았다.[5)] 결국 이들은 이방 민족들을 통하여 하나님께서 내리시는 징계의 채찍을 맞게 되었고, 고통 속에 사는 날들이 계속되었다. 하지만 이들이 죄악을 회개하고 돌아올 때 하나님은 사사(士師, judge)[6)]들을 통하여 구원해 주셨다. 사사는 하나님이 그 시대를 구원하시기 위하여 세운 하나님의 종들이요 시대의 영웅들이었다.

1) 죄와 고통의 순환

사사기의 특징은 죄와 고통의 순환고리이다. 사사기의 역사는 언제나 이스라엘 백성들의 죄로 시작하고(3:7), 그로 말미암아 이스라엘 백성들이 이방 나라들에게 고역(苦役, hard labor) 등으로 징계를 받고(3:8), 이어 이스라엘 백성들의 회개가 등장하고(3:9), 하나님의 구원과

4) 여호수아의 죽음으로부터 사무엘의 등장과 미스바 전투까지의 기간이다.

5) (사사기 2:11-13) "[11] 이스라엘 자손이 여호와의 목전에 악을 행하여 바알들을 섬기며 [12] 애굽 땅에서 그들을 인도하여 내신 그 열조의 하나님 여호와를 버리고 다른 신 곧 그 사방에 있는 백성의 신들을 좇아 그들에게 절하여 여호와를 진노하시게 하였으되 [13] 곧 그들이 여호와를 버리고 바알과 아스다롯을 섬겼으므로." 가나안 땅의 대표적인 신은 바알과 아스다롯이었다. 바알은 남신으로 비와 폭풍을 주관하는 농사의 신이자 풍요와 다산과 전쟁의 신이었다. 아스다롯은 여신으로 바알신의 배우자(配偶者) 신이었다. 이 신들을 섬기는 장소에는 음행한 일들이 일어났다. 참고로 아세라는 바알의 어머니 신이다.

6) 여호수아의 사후부터 이스라엘의 초대 왕 사울의 등장 때까지 하나님에 의해 세워진 이스라엘의 군사, 정치 지도자를 일컫는 말이다.

평화로 이어진다(3:9-10), 이러한 악순환의 고리가 사사기 내내 계속되었다(3:12).

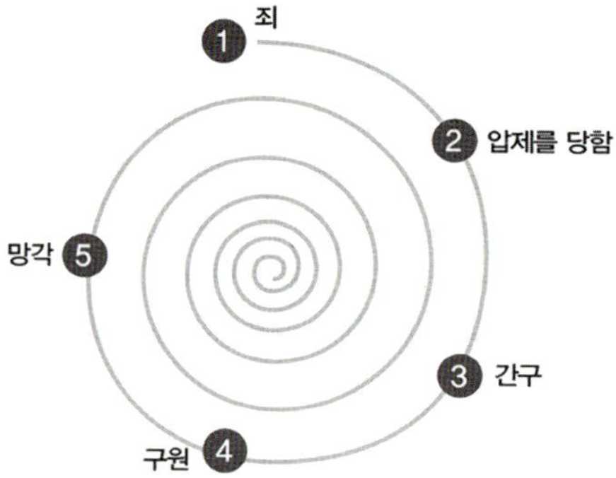

[그림] 사사기의 순환고리[7]

2) 사사들의 등장

① 옷니엘: 정탐꾼 갈렙의 조카이며 사위로서 이스라엘을 메소포다미아의 압제로부터 구원하였다(3:7-11).

② 에훗: 모압 왕 에글론을 단검으로 찔러 이스라엘을 구원한 왼손잡이였다(3:12-30)

③ 삼갈: 소를 모는 막대기로 블레셋 족속 600명을 죽였다(3:31).

④ 드보라: 유일한 여자 사사였다. 군대장관 바락은 드보라가 나서지 않는 한 전쟁에 나가지 않았다(4:1-5:31).

⑤ 기드온: 여호와의 사자가 임하여 말씀을 전한 네 사사(옷니엘, 입다, 삼손, 기드온)들 중 한 사람이다. 하나님은 기드온과 300 용사들을 통하여 미디안 족속으로부터 이스라엘을 구원하셨다. 기드온 시대가 끝난 후 서자인 아비멜렉이 다른 아들 69명을 죽이고 정권을 차지하려

7) http://www.godpeople.com/?C=6663

했으나 한 여인이 맷돌 윗짝을 아비멜렉의 머리 위에서 던져 죽고 말았다(6:1-8:35).

⑥ 돌라: 잇사갈 지파 부아의 아들로 23년간 이스라엘을 다스렸다(10:1-2).

⑦ 야일: 50년 동안 이스라엘을 다스렸다(10:3-5).

⑧ 입다: 암몬(지금의 요르단) 족속을 물리친 사사였다. 그러나 전쟁에서 승리한 기쁨은 자신의 집에서 아버지를 마중나온 딸로 인해 슬픔으로 변하였다(11: 1-11:40).

⑨ 입산: 그는 아들 30명과 딸 30명을 두었으며 7년간 이스라엘을 다스렸다(12:8-10).

⑩ 엘론: 스불론 지파 출신으로 10년간 이스라엘을 다스렸다(12:11-12).

⑪ 압돈: 25년에 걸친 평화로운 시대의 사사로서 자녀와 나귀도 많았다(12:13-15).

⑫ 삼손: 나실인으로 특별히 선택받은 삼손은 엄청난 장사였다. 그는 이 힘으로 블레셋으로부터 이스라엘을 구원하지만 여인의 유혹에 넘어가 두 눈을 잃고 사로잡혔다. 하지만 나중에 블레셋의 연회장에서 기둥을 무너뜨림으로 수천의 블레셋인을 죽이고 그도 죽는다(13-16장). 이 사건으로 블레셋은 아벡[8]전투를 일으키고, 그 전투에서 이스라엘은 법궤를 빼앗기게 된다.[9]

⑬ 엘리: 한나가 자기 아들 사무엘을 견습생으로 맡겼던 제사장 겸 사사였다. 엘리가 봉직하는 동안에 블레셋의 수많은 공격이 있었고, 아벡전투에서 엘리는 두 아들을 잃고 하나님의 언약궤마저 빼앗긴다(사무엘상 4:17-18).

---

8) '요충지'라는 뜻을 가진 아벡(Aphek)은 시글락 북쪽 약 80Km 지점인 요단강 서쪽에 위치한 성읍이다.

9) 김의원·민영진, 『사사기 룻기 성서주석』(서울: 대한기독교서회, 2007), 42.

⑭ 사무엘: 그는 이스라엘의 마지막 사사였다. 사무엘 이후에 왕정 정치가 시작되어_그를 마지막 사사로 본다. 그는 하나님의 명령을 따라 사울에게 기름 부어 그를 초대 이스라엘의 왕으로 세웠다.[10] 하지만 사울이 하나님으로부터 점점 멀어지자 하나님의 명령을 따라 다윗에게 기름을 부어 왕으로 세운다.

3. 룻기

룻기는 모압 여인이며 다윗의 증조모인 룻의 이름을 따서 지어졌다. 여인의 이름으로 지어진 책은 에스더서와 룻기서 뿐이다. 시대적 배경은 사사 시대이다. 어두운 사사 시대에도 하나님의 놀라운 구원 계획이 계속되고 있었음을 우리에게 보여준다. 이방 여인이었지만 룻에게서 난 자손을 통하여 다윗 왕국을 건설하시고 예수 그리스도를 보내어 주시는 하나님의 은혜와 자비를 볼 수 있다. 이것은 하나님의 구원계획이 온 인류를 위한 것임을 확인시켜 주는 것이다.

모압 여인 룻은 흉년을 피해 모압으로 이민 온 유대인 엘리멜렉 가문에 시집을 간다. 하지만 아버지와두 아들이 죽고 시어머니 나오미와 동서지간인 오르바가 남았는데, 룻은 시어미를 모시고 남편 고향인 이스라엘로 돌아간다. 이곳에서 엘리멜렉의 먼 친척인 보아스를 만나 도움을 받고, 형사취수제(Levirate, 兄死娶嫂制)[11]로 보아스와 가정을 이루어 다윗 조상이 된다.

---

10) (사무엘상 10:1) "이에 사무엘이 기름병을 취하여 사울의 머리에 붓고 입맞추어 가로되 여호와께서 네게 기름을 부으사 그 기업의 지도자를 삼지 아니하셨느냐."

11) 형이 후사 없이 죽으면 동생이 대신하여 후사를 낳아 주는 풍습으로서, 구약 율법이 정한 제도(신명기 25:5-10)이다.

4. 사무엘상

사무엘 상·하는 마지막 사사요 또한 제사장으로서 이스라엘 왕국 건설에 가장 중요한 역할을 한 사무엘의 이름을 따서 지었다. 사무엘이 이스라엘을 다스리던 시대에 백성들은 하나님에게 왕을 요구하였다. 자신들의 연약함이 신앙의 연약함이 아니라 다른 나라들처럼 왕이 없기 때문이라고 여겼기 때문이다. 이것은 출애굽 때 시내 산에서부터 계속된 하나님과의 언약 관계를 부정하는 행위였다. 하지만 하나님은 이들의 요구대로 왕을 주셨고, 시대는 신정정치의 시대에서 왕정정치의 시대로 전환되었다.

1) 사무엘의 등장(1-7장)

본서의 시작은 어머니 한나의 기도를 통해 태어난 사무엘의 출생 배경과 이스라엘의 위대한 선지자로 세워져 가는 과정을 그리고 있다. 당시에는 엘리 제사장이 있었지만 그는 자녀들의 신앙교육에 실패하였다. 이스라엘은 엘리 제사장 시절에 블레셋에게 법궤를 빼앗기는 일까지 겪는다. 엘리 제사장의 사후에 사무엘은 미스바의 성회를 통하여 사사로서의 일을 시작한다.

2) 사울 왕의 등장(8-15장)

왕을 요구하는 이스라엘 백성들의 요구로 사울이 이스라엘의 초대 왕으로 선택받는다. 사울은 왕이 된 후 주변 나라들(암몬, 모압, 블레셋, 아말렉)과의 전투에서 승리하고 왕권을 확립해 나간다. 하지만 사울 왕은 블레셋과의 전투에서 다급한 나머지 자신이 직접 제사장의 직무를 행하여 하나님의 진노를 받았고(13:1-14),[12] 아말렉과의 전투에서도 모든 것을 진멸하라는 명령을 어기고 좋은 것들을 취하였다가 하나님으로부터 버림을 받았다(15:26).

3) 다윗의 등장(16-31장)

하나님은 사울을 대신하여 다윗을 선택하고 사무엘에게 기름 부어 사울의 뒤를 이을 지도자로 세우게 한다. 다윗은 어린 나이에도 불구하고 블레셋의 골리앗 장군과의 전투에서 믿음으로 승리하며, 이스라엘을 구원할 자로서의 위엄을 보인다.[13] 후에 이스라엘의 군대장관이 된 다윗은 출전하는 전쟁마다 승리하지만 사울과의 갈등으로 쫓겨 다니는 신세가 된다. 이런 와중에도 두 번이나 사울을 죽일 기회가 있었으나 하나님을 생각함으로 하나님이 기름 부어 세운 사울을 죽이지 않는다(24:4; 26:6). 하지만 사울은 블레셋과의 전투에서 아들과 함께 사망하였다.

5. 사무엘하

사무엘하는 다윗을 이상적인 신정 정치적인 왕으로 그리고 있다. 하나님에게 순종하는 다윗은 축복을 받아 그의 남은 통치 기간 동안 이

---

12) 당시의 제사장은 사무엘이었다.

13) 다윗의 출전은 예견된 것이 아니었다. 왜냐하면 전쟁에 나갈 나이가 아니었기 때문이다. 그는 전쟁에 나간 형들의 안부를 물으러 간 것이다. 그러니 골리앗과의 전쟁 때 그는 아직 20세가 되지 않은 소년이었다.

스라엘은 번성하고 적들은 패퇴(敗退)하며, 왕권을 공고히 하게 된다.

1) 다윗의 강력한 통치(1:1-8:18)

헤브론에서 왕 위에 오른 다윗(재임 B.C. 1010-970)은 예루살렘을 정복하고 예루살렘을 도읍으로 정한다(5:5).[14] 이어서 블레셋을 비롯한 주변 모든 나라들을 쫓아내거나 굴복시킨다.

2) 다윗의 허물과 아들의 반란, 그리고 다윗의 말년(9-24장)

성군(聖君)인 다윗에게도 실수가 있었는데, 신하의 아내를 탐낸 것이다. 다윗의 음모로 신하는 전쟁터에서 사망하고 다윗이 그 아내를 차지한다. 하지만 그로 인하여 다윗은 많은 고통을 겪어야 했다. 우선 신하의 아내였던 밧세바와의 사이에서 태어난 아들이 죽었고(12:15-19), 아들들이 도덕적으로 타락을 하게 되었으며(13:1-39), 심지어는 아들 압살롬 때문에 왕궁에서 도망가기도 했다. 하지만 아들 압살롬은 다윗의 군대장관인 요압에 의하여 죽임을 당하게 된다. 또한 다윗은 인구를 파악하는 잘못을 저지르게 된다. 하나님의 지시가 없었음에도 다윗은 교만하여 인구조사를 통하여 국력을 과시하려 했다가 무고한 수많은 백성들이 전염병[15]에 걸려 희생을 당하기도 하였다.

14) 그는 헤브론에서 7년 반 동안, 그리고 예루살렘에서 33년 동안 나라를 다스린다.

15) 이 전염병으로 인해 무려 7만 명이 희생당한다. 이 당시 전염병이 구체적으로 어떠한 것인지는 알 수 없다. 학자들에 따라서는 장티푸스라고 부르기도 한다. 그러나 순식간에 많은 사람을 죽음으로 몰고 가는 치명적인 전염병인 것만은 확실하다.

6. 열왕기상·하

열왕기상·하는 원래 한 권의 책으로 히브리 성경에는 '왕들'이라는 제목이 붙여졌다. 열왕기상·하는 하나님의 언약 관점에서 본 북 이스라엘과 남 유다의 왕들의 역사에 관한 내용이다. 저자는 이스라엘의 사회, 정치적 역사보다 각 왕들이 얼마나 하나님과의 언약 관계에 충실하였는가를 보여준다.

북 이스라엘의 오므리 왕은 강력한 왕조를 건설하였다. 하지만 성경은 그가 하나님 앞에 악을 행하였다고 간략하게 기록한다. 유다의 요시아 왕은 재위 기간에 대한 특별한 기록은 없으나 하나님 앞에서 신앙의 개혁과 언약의 갱신을 한 선한 왕으로 기록하고 있다.

1) 다윗의 말년과 솔로몬의 영화(열왕기상 1:1-11:43)

다윗은 말년에 솔로몬을 왕으로 정하고 죽는다. 솔로몬은 사독을 제사장으로, 나단을 선지자로, 그리고 브나야를 군대장관으로 세우고 기혼에서 왕위에 오른다(1:1-53). 다윗의 재임 동안 왕권을 강화하게 만드신 하나님은 솔로몬의 재임(B.C. 971-931) 동안 태평성대를 허락하신다. 솔로몬은 왕위에 오른 후에 먼저 기브온에서 일천 번제를 드리며 아버지 다윗이 준비한 성전을 짓는다. 하나님은 솔로몬의 믿음을 받으시고, 부와 영화와 지혜를 허락하셨다.

솔로몬은 1,400승(乘)[16]의 병거와 12,000명의 기병으로 군사력을 강화하고, 국제무역에도 능란하였다. 하지만 솔로몬은 외교적 효율을 위해 외국과 정략 결혼을 했고, 그 결과 많은 이방인 아내들이 들어왔으

16) 탈 승(乘)자는 병거나 전차를 셀 때 사용하는 단위이다.

며, 그녀들과 함께 들어온 우상들을 섬김으로 솔로몬은 종교적으로 타락하게 되었다. 그리고 성전과 궁궐의 오랜 건축으로 백성들이 노역에 시달렸고, 원망이 되어 솔로몬 왕국의 분열을 가져오게 되었다.[17]

2) 왕국의 분열(열왕기상 12:1-열왕기하 18:12)

① 르호보암과 여로보암: 솔로몬이 죽은 후에 아들 르호보암이 왕위에 오른다. 하지만 그는 아버지 솔로몬 때부터 이어져온 백성들의 불만을 해결해주지 못하였고 결국 그의 대에 나라가 남 유다와 북 이스라엘로 나누어지게 되었다. 남 유다는 르호보암이 다스리게 되었는데, 유다 지파와 베냐민 지파가 따랐고, 남은 열 지파는 솔로몬 왕 때 노동자들의 감독관을 지낸 요셉 지파의 여로보암을 따라 북쪽에 이스라엘을 세웠다. 그러나 북 이스라엘은 황금 소를 만들고, 제사장을 레위인이 아닌 비 레위인으로 세우며, 가나안의 우상인 바알과 하나님을 함께 섬김으로 하나님으로부터 떠나게 되었다.

② 남유다의 환난: 남 유다도 예외는 아니었다. 르호보암 시대는 솔로몬 시대보다 종교적으로 더욱 타락했으며, 이집트의 시삭을 비롯한 외적에 시달려야만 했다. 아비얌을 이어 왕이 된 아사는 남 유다의 몇 안 되는 좋은 왕 중 한 명이었다. 그는 애굽을 대파하고 우상을 멀리하였다. 하지만 말년에 북 이스라엘의 바아사 왕을 치기 위해서 아람 왕 벤하닷과 동맹을 맺고 성전의 돈과 왕실 보물을 동원하여 대가로 지불함으로 선지자 하나니로부터 꾸중을 들었다(열왕기상 15:16-19; 역대하 16:1-9). 그런 하나니를 아사는 옥에 가두고 백성들을 학대하였다(역대하 16:10). 하나님은 아사를 병으로 징계를 하셨고, 아사 왕은 재위 41년 만에 죽었다.

---

17) 솔로몬의 건축은 20년간에 걸쳐 이루어졌다(열왕기상 9:10).

③ 이스라엘과 엘리야(열왕기상 17:1-22:53): 북이스라엘은 왕권이 늘 불안하였다. 여로보암 왕의 아들은 2년 만에 바아사의 반란으로 죽었고, 바아사의 아들 엘라와 그의 가족도 2년 만에 시므리에게 죽었으며, 시므리는 겨우 7일 밖에 통치하지 못했다.

오므리는 수도를 사마리아로 옮겼다. 이후 앗수르에 정복될 때까지 사마리아는 북 이스라엘의 수도가 되었다. 오므리 왕 때에 이스라엘은 부강하였다. 하지만 그의 아들 아합 왕은 아내 이세벨과 함께 하나님의 선지자들을 탄압하며 철저하게 우상숭배를 행하였다. 이들의 궁궐에는 바알과 아스다롯 선지자들로 가득했다. 하나님의 사람 엘리야 선지자는 아합과 그의 가족들에게 하나님의 심판을 예언하였으나 이들은 듣지 않았다. 하나님은 갈멜산에서 엘리야를 통하여 이방 제사장들을 모두 죽이게 하셨지만 남아 있는 제사장들이 도리어 엘리야를 죽이려 하였다.

④ 엘리사의 활약(열왕기하 1:1-8:29): 엘리야는 사역을 마치고 불병거를 타고 승천하였다. 엘리야의 제자 엘리사는 엘리야를 이어 북 이스라엘의 위대한 선지자가 된다. 타락한 나라에 위대한 선지자가 두 명이나 있었다는 것은 하나님의 긍휼하심이었다. 엘리사는 당시 대적 관계에 있던 아람(시리아)의 계략을 늘 미리 알았고, 대비하게 하였다.

⑤ 예후와 그의 집(열왕기하 9:1-13:9): 북 이스라엘의 예후 왕은 악한 왕비 이세벨을 비롯한 바알 숭배자들을 많이 죽이고 그 산당을 변소로 만들었다(열왕기하 10:18-27). 하나님은 그 일로 인해 예후의 후손이 4대에 걸쳐 통치할 것을 약속하셨다(열왕기하 10:30). 하지만 그는 하나님을 진심으로 섬기지 않고 도리어 금송아지 우상을 숭배하였다(열왕기하 10:29-31). 그 결과 하사엘[18]의 침략을 받아 요단 동편 땅을

18) 아람왕 벤하닷 2세의 신하로 그를 죽이고 왕위에 올랐다.

빼앗겼다(열왕기하 10:32-33). 그 아들 여호아하스 때 이스라엘은 이미 매우 쇠약해져 있었다.

⑥ 북 이스라엘의 종말(열왕기하 15:1-18:12): 당시 북 이스라엘의 가장 큰 대적은 앗수르[19]였다. 북 이스라엘은 아합이 벤하닷 1세와 동맹하여 앗수르를 대적하고 예후는 조공을 바쳤지만 앗수르의 위협을 막을 수 없었다. 이스라엘의 마지막 왕인 호세아는 애굽 힘으로 앗수르를 물리치려 하였으나 결국 멸망당한다. 남 유다는 북 이스라엘과는 달리 요아스로부터 요담까지 선한 왕들이 왕위를 이어갔다.

3) 남 유다의 남은 역사(열왕기하 18-25, B.C. 721-586)

① 히스기야의 개혁(열왕기하 18:1-20:21): 남 유다의 제13대 왕이었던 히스기야(B.C. 728-697) 왕의 통치 때 앗수르의 산헤립 왕이 18만 대군을 이끌고 예루살렘으로 쳐들어왔지만 하나님은 하룻저녁에 모두 죽이셨다. 후에 히스기야가 병이 들어 하나님께 간구하매 15년 동안 생명을 연장시켜 주셨다. 하지만 히스기야는 도리어 바벨론의 사자들에게 자신의 재물을 자랑함으로 바벨론 공격의 빌미를 제공한다.

② 므낫세의 악행: 히스기야의 뒤를 이어 남 유다의 제14대 왕이 된 므낫세(B.C. 697-642)는 가장 오랜 기간(55년) 통치하였으나 가장 타락한 왕이었다.[20] 그는 히스기야 왕과 달리 친 앗수르 정책을 취하였다. 그래서 앗수르의 우상을 섬겼고, 솔로몬 성전에 아세라 우상을 세우기도 하였다. 므낫세는 말년에 앗수르에 잡혀갔다가 풀려난 후 우상을 없

---

19) 오늘날의 이라크 지역에서부터 형성된 나라이다. 그 역사는 B.C 3천년 경으로 거슬러 간다. 강력한 철기 무기로 무장한 군사력을 기반으로 주변 나라들을 침략하여 티그리스강 유역부터 이집트에 이르기까지 대제국을 이룬다.

20) 부왕과 공동 섭정기간(대략 약 10년)을 포함한 기간이다(열왕기하 21:1).

애고 제단을 수리하고 하나님께 예배를 드렸다(역대하 33:14-20). 그의 아들 아몬 왕은 2년 만에 암살당했다.

③ 요시야의 개혁: 남 유다의 제16대 요시야(B.C. 640-609) 왕은 성전을 수리하는 과정에서 율법책을 발견하였다. 그는 모든 백성 앞에서 이 율법책을 읽어 하나님과의 언약을 새롭게 하고, 최선을 다해 우상들을 몰아내었고, 이방 신전을 무너뜨렸다

④ 예루살렘의 멸망: 요시야 왕의 이러한 노력에도 그의 사후에 이스라엘은 급속하게 패망의 길을 걸어갔다. 이것은 이스라엘이 하나님만 의지하지 않고 애굽을 비롯한 이방 나라들의 도움을 구했기 때문이었다. 결국 B.C. 588년 초에 바벨론 왕 느부갓네살에게 예루살렘이 포위된 지 2년 만에 패망하였다.

7. 역대상·하

역대상·하의 히브리 성경 제목은 '시대의 사건들'이다. 역대상·하는 원래 한 권의 책이었으나 70인역 성경에는 두 책으로 구분되었다. 70인역 번역자들은 역대상·하를 사무엘상·하와 열왕기상·하를 보충하는 책으로 보았다.

역대상·하는 아담으로부터 다윗까지의 계보를 역대상 9장까지, 그리고 다윗 통치를 29장까지, 솔로몬 통치를 역대하 9장까지, 마지막으로 다윗 자손들의 통치와 포로기를 36장까지 다루고 있다.

이스라엘의 포로 후 귀환은 B.C. 538년 스룹바벨의 지도하에 첫 번째 귀환으로부터 시작되어 B.C. 458년 에스라의 2차 귀환, 그리고 B.C. 432년의 느헤미야의 귀환운동으로 정리가 된다. 역대상·하의 저자는

포로기 이후 귀환한 이스라엘 공동체의 필요에 따라 역사적 기록을 정리하고 해석하였다. 역대상·하의 주요 관심사는 신정, 정치적 공동체이다. 공동체의 삶의 중심으로서의 성전, 그리고 말씀의 권위, 하나님의 주권 등이다.

1) 열왕기서와 역대기의 비교[21]

① 열왕기서의 목적은 그들이 왜 잡혀갔는지를 밝히는 데 있었고, 그 이유를 밝히는 기준을 신명기에서 찾았다. 역대기서의 저자는 그들이 포로에서 돌아가야 하며, 이스라엘의 신정정치가 회복되어야 함을 변증하기 위해 기록했다.

② 열왕기서는 왕들의 잘못한 것들을 중점적으로 밝히고 있지만, 역대기서는 대부분의 왕들이 선하였음을 말하고 있음으로 다른 관점을 보이고 있다.

③ 역대기는 성전과 성전 예배에 깊은 관심을 두고 있다. 왜냐하면 포로 귀환 이후의 관심은 성전을 재건하고 성전 예배를 회복하는 일이었기 때문이다.

---

21) 오병세, 『성경의 맥을 잡아라』 (서울: 영문, 1998), 67. 열왕기서와 역대기는 같은 이스라엘의 역사를 다루고 있지만 내용의 전개상 다른 점을 가진다.

[표] 열왕기서와 역대하의 비교

열왕기서	역대기
포로에서 해방되기 이전에 기록됨	포로에서 해방된 이후에 기록됨
예언자적 기록: 왕들에 관해 기록할 때 주로 그들의 통치와 관련된 기사를 취급	제사장적 기록: 왕들에 관해서 기록할 때도 주로 그들의 종교적, 영적 상태를 중심으로 기록
유다와 이스라엘 왕들에 대한 기록을 다 포함	유다왕들과 관련된 것을 제외하고는 이스라엘 왕들에 대한 기록은 거의 없음
주로 유다왕들의 실정에 초점을 맞추어 하나님이 그들로 하여금 포로가 되도록 한 사실을 강조	유다 왕들에게 있었던 영적 가능성들을 부각시켜서 하나님이 포로에서 회복시키셨던 이유를 찾고자 노력
유다의 멸망으로 끝남	유다의 멸망 이후에 고레스의 칙령으로 인해 유다가 회복되는 것을 보여주며 끝남

2) 주요 내용

포로 후에 귀환한 백성들은 과거 이스라엘 역사가 자신들과 어떤 관계가 있는지에 관하여 묻고 있다. 그에 관한 대답이 역대상·하이다.

① 성전의 중요성: 이스라엘의 중심은 성전이다. 그것은 바사(Persia, 오늘날 이란) 왕 고레스(B.C. 559-530)의 칙령으로 재건된 성전으로 상징된다(에스라 1:1-3). 성전을 중심으로 하는 삶은 과거나 지금이나 마찬가지인 것이다.

② 율법과 선지자들: 이스라엘은 하나님의 말씀을 중심으로 하는 민족이다. 이것은 역대 왕들의 언약의 신실성에서 나타난다.

③ 다윗과 솔로몬: 역대기서에서는 부정적인 면들이 생략되고 이상적인 왕들로 묘사되고 있다. 이들의 모습은 중요한 의미에서 메시야적 왕의 예표로 기록되고 있다.

8. 에스라, 느헤미야

에스라와 느헤미야는 별개의 기록이지만 히브리 성경에는 하나로 되어 있다. 70인역에서도 한 권으로 다루고 있다. 두 책은 오리겐(Origen, A.D. 185-253)[22]이 최초로 구분하여 에스라전서와 후서로 불렀다. 에스라와 느헤미야는 포로기 이후 이스라엘의 회복과 관련하여 중요한 두 가지 사건을 기록하고 있다. 첫째는 포로의 귀환과 성전의 재건(B.C. 538-516)이고, 둘째는 신앙적 공동체의 형성(B.C. 458-420)이다. 많은 학자들은 에스라, 느헤미야의 저자가 역대상·하도 기록했다고 본다.

바사의 다리우스[23] 왕 때 스룹바벨[24]의 지도로 성전이 완성되었다. 그 뒤 아닥사스다(Artaxerxes, 재위: B.C. 464-424) 왕 7년에 에스라가 유대 공동체에 말씀을 전하고, 이 공동체를 바로 세우기 위해 예루살렘으로 가게 된다.[25] 이후에 바사의 술 관원이었던 느헤미야가 아닥사스다 왕 20년에 성벽 재건을 위해 예루살렘으로 파송된다.

---

22) 초대교회 당시 알렉산드리아 학파를 대표하는 신학자요 성경 주석학자였다.

23) 다리오 히스타스피스(Darius Hystaspis, 재위: B.C. 522-486)를 가리키는 말로 고레스 왕에 의해 내려진 칙령을 회복시켜 성전 공사를 허가한 인물이다.

24) 남유다의 왕 여호야긴의 손자요 브다야의 아들로(스가랴 3:2; 학개 1:1), 남유다 왕위의 계승자였다(역대상 3:17-19). 또한 그리스도의 계보에도 이름이 언급되고 있다(마태복음 1:13; 누가복음 3:27). 그는 바사 제국에서 유대 지역을 맡았던 총독이었다. 역사학자 요세푸스는 스룹바벨이 다리우스 왕의 막역한 친구였다고 전하고 있다.

25) B.C. 458년. 포로들의 2차 귀환이었다. 1차 귀한은 스룹바벨과 함께 B.C. 536년(70년 만에)에 이루어졌다. 3차 귀환은 B.C. 444년 느헤미야와 함께 이루어졌다.

이렇게 포로기 이후에 유대로 돌아온 미약한 유대 공동체가 주변 국가들에게 동화되지 않고 정체성을 유지할 수 있었던 것은 에스라와 느헤미야가 율법과 성전을 중심으로 유대의 신앙정체성을 바로 세웠기 때문이다.

9. 에스더

이 책에는 특이하게 하나님에 관한 직접적인 언급은 나타나지 않는다. 하지만 약속의 하나님, 그리고 섭리의 하나님에 관한 지식이 담겨져 있다. 에스더서는 유대 여인과 페르시아 왕의 결혼을 다루고 있으며 유대 민족이 민족적 재난의 위기에서 구출되어 후에 절기로 지키게 되는 부림절의 유래를 담고 있다.[26] 에스더서의 줄거리는 페르시아의 권력자 하만이 유대인들을 몰살시키려는 계획을 진행시켜 선민인 이스라엘 백성들이 큰 위기에 놓였지만 아하수에로 왕의 왕비로 간택된 에스더가 하나님에게 기도한 후 생명을 건 결단으로 왕 앞에 나아가 사실을 고하여 유대 민족을 살리고 도리어 대적들이 심판을 받게 된다는 이야기이다.

에스더서의 기록 목적은 귀환한 유대인들에게 하나님이 이스라엘에게 하신 약속을 지킬 것이라는 사실을 일깨워 주고 그들에게 용기를 주기 위함이었다. 동시에 고국으로 돌아가지 못하고 남은 자들에게도

---

26) '부르'는 제비를 뜻하는 말로서, 하만이 유다인들을 전멸시키기 위해 그날을 제비뽑은 데서 유래했다. 이때의 음모를 저지하기 위해 애쓴 에스더와 모르드개를 기념하며 목숨을 건짐 받은 것에 감사하는 절기가 부림일(절)이다. 절기를 살펴보면 부림일 전날인 13일에는 금식으로 준비하고, 14일 저녁에는 회당에 모여 에스더서를 낭독하며, 15일 아침에 다시 회당에 모여 에스더서를 낭독한 후 오후에는 가난한 자들에게 선물과 음식을 베풀며 기쁨을 나눈다.

하나님의 섭리의 손길이 미치고 있음을 보여주려고 하였다. 이스라엘 백성들은 이후 부림절을 지키며 위로와 용기를 나누고 있다.

[표] 남·북 분열 왕국 열왕 연대표[27)]

남 왕국 유다				북 왕국 이스라엘			
1	르호보암	남·북 왕국 분열의 장본인(왕상 12:1-19)	930-931 (17년)	930-909 (22년)	북 이스라엘의 초대 왕, 우상숭배 장려 정책 시도	여로보암	1
2	아비야	일명 아비얌, 여로보암과 전쟁에서 승리 (왕상 15:1-8)	913-910 (3년)	910-909 (2년)	악을 행함, 바아사에게 살해됨(왕상 15:25-31)	나 답	2
3	아 사	우상숭배한 모친을 폐위시킴, 아람의 벤하닷과 동맹하여 범죄 (왕상 15:9-22)	910-869 (41년)	909-886 (24년)	악한 행실로 여호와 앞에 범죄함(왕상 15:34)	바아사	3
4	여호사밧	유다를 부흥시킴 (왕상 22:41-50; 대하 17:1-20:34)	872-848 (25년)	886-885 (2년)	술에 취해 시므리에게 살해됨(왕상 16:8-10)	엘 라	4
5	요 람	일명 여호람으로 아합의 딸 아달랴와 결혼 (왕하 8:18)	848-841 (8년)	885 (7일)	바아사의 집을 멸하고 왕에 오르지만 즉위 7일 만에 오므리에 패함 (왕상 16:10-20)	시므리	5
6	아하시야	아합 가문과 결탁, 예후에게 죽임 당함 (대하 22:1-9)	841 (1년)	885-874 (12년)	사마리아를 세움. 북 왕국 최고의 왕 (왕상16:24)	오므리	6
7	아달랴	아하시야의 모친으로 그의 사후 반란으로 왕권을 탈취, 바알 숭배자 (대하 22:10-12)	841-835 (6년)	874-863 (22년)	북 왕국 역사상 가장 악한 왕, 바알숭배, 나봇의 포도원을 탈취함 (왕상 21:29-38)	아 합	7
8	요아스	성전 보수, 말년에 우상숭배함(대하 24:1-27)	835-796 (40년)	853-852 (2년)	바알세붑을 섬기다 병상에서 죽음(왕하 1:2, 16)	아하시야	8
9	아마샤	선정 시도, 북 왕국 요하스에게 사로잡힘 (대하2 5:23)	796-767 (29년)	852-841 (12년)	바알은 없앴으나 다른 우상을 숭배함(왕하 3:2, 3)	요 람	9

27) http://cafe.naver.com/kkskjs1234/1930

10	웃시야	아사랴라고도함. 스스로 분향하려다 문둥병에 걸림 (왕하 15:1; 대하 26:16-23)	791-739 (52년)	841-814 (28년)	아합가와 바알숭배자를 몰살시킴(왕하 9:1-10:31)	예 후	10
11	요 담	선을 행하였지만 산당을 제거하지 못함, 암몬 정복(대하 27:2)	747-731 (16년)	814-798 (17년)	우상을 숭배함, 아람에게 패함(왕하 13:1-9)	여호아하스	11
12	아하스	우상숭배,자녀를 불사름, 아람과 이스라엘에 크게 패함(대하 28:1-25)	731-716 (16년)	798-782 (16년)	벤하닷을 파하고 이스라엘 성읍을 회복 (왕하 13:24-25)	요아스	12
13	히스기야	여호와의 계명을 지킨 왕, 바벨론에 의해 멸망될 예언을 들음 (왕하 20:12-19)	715-687 (29년)	793-753 (41년)	이스라엘 국력을 회복시킴(왕하 14:25-27)	여로보암 2	13
14	므낫세	악을 행하다 앗수르의 포로 이후 회개함 (대하 33:1-20)	697-942 (55년)	753 (6개월)	즉위 6개월 만에 백성들 앞에서 죽음 (왕하 15:8-12)	스가랴	14
15	아 몬	신복들에게 살해 당함 (대하 33:21-25)	642-640 (2년)	752 (1개월)	스가랴를 죽이고 즉위한 1개월 후 피살됨 (왕하 15:13)	살 룸	15
16	요시야	율법책 발견, 유월절을 복구 시킴. 앗수르로부터 독립을 꾀함 (대하 34:1-35:27)	640-609 (31년)	752-742 (10년)	살룸을 죽이고 왕이 됨 (왕하 15:17-20)	므나헴	16
17	여호아하스	느고에서 사로잡혀 3개월 만에 폐위됨 (대하 36:4)	609 (3개월)	742-740 (2년)	범죄하다가 모반 당해 죽음(왕하 15:25)	브가히야	17
18	여호야김	요시야의 아들로 바벨론 포로가 됨 (왕하 23:34-24:7)	609-598 (11년)	740-732 (8년)	브가히야를 죽이고 왕이 됨, 앗수르와의 전쟁에서 패함(왕하 15:27-31)	베 가	18
19	여호야긴	즉위 3개월 만에 바벨론에 끌려감(대하 36:10)	598-597 (3개월)	732-722 (9년)	북 이스라엘 최후의 왕 (왕하 17:1-33)	호세아	19
20	시드기야	두 눈이 뽑힌 채 바벨론에 포로로 끌려감 (36:17-21)	597-586 (11년)	* 공동통치, 곧 섭정기간까지 가산되었음 * 음영 처리된 왕들은 신앙적으로 선한 왕들의 표시임 * 각 왕의 재위 연대는 섭정기간 계산 방법의 혼동, 동시분할 통치 등으로 인하여 약간의 혼란이 불가피함.			

제5장

시가서

본래 히브리 성경[1]은 구약을 '율법서'와 '예언서'와 '성문서'로 구분한다.[2] 성문서는 '시가서'(시편, 잠언, 욥기), '두루마리서'(아가, 룻기, 애가, 전도서, 에스더서)[3], '역사서'(다니엘서, 에스라서, 느헤미야서, 역대기) 등 세 부분으로 나누었다. 특이하게도 히브리 성경에서 포로기 이야기

1) 얌니아(Jamnia)에서 열린 유대교 공회에서 최종적인 구약 정경이 확정되기 전 24권의 성경을 가리킨다. 율법서는 오경을 가리키고, 예언서는 '여호수아, 사사기, 사무엘상하, 열왕기상하'의 전기 예언서 4권과 '이사야, 예레미야, 에스겔, 그리고 호세아로부터 말라기까지 12 소예언서를 하나로 묶어 4권의 후기 예언서로 구분하였다.

2) 여기서 성문서는 헬라어로 '하기오그라파' 곧 "거룩한 글들"이란 뜻으로, 히브리 성경의 분류법에 따라 율법서(토라)와 선지서(예언서, 네비임)에 이은 세 번째 부분인 '케투빔'('기록된 글들'이란 뜻)을 가리키는 말이다. 이는 히브리 성경에서 분류하고 있는 24권 중에서 율법서와 선지서에서 다룬 책들 이외에 각각 다른 시기에 정경으로 인정된 전 구약성경의 남은 11권의 책들을 일컫는다.

3) 성문서 중에서 두루마리서는 '메길롯'(megilloth)이라 불리며 이스라엘의 5대 절기(유월절-아가, 오순절 -룻기, 애가 -아브월 제9일, 장막절 -전도서, 부림절-에스더서)에 낭독되었다.

를 다룬 선지서적인 성격을 가진 다니엘서를 역사서로 분류한 것은 다니엘이 선지자로 공식 임명된 적이 없기 때문이었다. 또한 욥기서가 사건 중심의 책이지만 시가서에 들어간 것은, 문체가 시어체(詩語體) 위주로 되었기 때문이다. 하지만 오늘날 한글성경은 히브리 성경 분류법과는 달리, 시가서를 따로 구분하여 '욥기, 시편, 잠언, 전도서, 아가서' 다섯 권으로 분류한다.[4)]

욥기는 인간의 고통 문제를 다루고, 시편은 악한 세상에서 하나님을 향한 올바른 예배와 믿음의 모습에 관하여 다루며, 잠언은 일상에서 만나는 하나님의 지혜에 관하여 다루며, 전도서는 진정한 가치를 지닌 삶을 말하고 있다. 마지막으로 아가서는 교회와 주님과의 사랑의 관계에 대해 말하고 있다.

1. 욥기

1) 저자와 배경

저자는 이름 없는 한 이스라엘 사람이다. 배경은 B.C. 2000년에서 1000년경으로 추정되며, 그중에서도 후기에 가까운 것으로 추정이 된다. 기록 시기는 지혜문학이 발달한 솔로몬 시대로 본다.[5)] 욥기의 주제는 '인간 고난의 관점에서 본 하나님의 의로우심'이다.

---

4) 이러한 분류는 히브리어 성경을 헬라어로 번역하는 칠십인역(LXX) 과정에서 분류한 기준을 따른 것이다.

5) 학자들마다 의견이 나눠진다. 족장시대로 보는 견해가 있고, 솔로몬시대, 또는 포로기 때로 보는 견해도 있다.

2) 주요 내용

욥기서는 크게 네 부분으로 나누어 볼 수 있다. 먼저 1-2장의 도입부에서는 하나님의 종 욥이 큰 고난을 당하는 장면으로 시작된다. 여기서 중요한 논의는 "인간이 자신의 이익을 잃어버리는 상황에서도 하나님을 사랑할 수 있는가?"라는 것이었다. 이 논의에서 욥은 끝까지 하나님을 사랑하는 모습을 보여줌으로 이 기대를 충족시키고 있다.

두 번째는 4-31장에 이르는 욥과 친구들 사이의 대화이다. 이 부분에는 욥과 친구들의 대화가 나온다. 이 부분에서의 논의는 "세상의 보편적인 사고가 인간의 모든 삶을 충분히 설명할 수 있는가?" 하는 것이다. 친구 중에 엘리후(32-37장)는 하나님은 악을 행하실 수 없다는 논리로 욥의 교만을 책망하며, 하나님 앞에서 겸허하게 반응할 것을 권고하고 있다.

세 번째는 38-41장에 이르는 부분으로 하나님의 개입하심이 나타나고 있다. 하나님은 욥의 고통에 대해 언급하지 않는다. 다만 하나님 자신의 위대하심을 주장하면서 인간은 하나님의 뜻을 완전히 알 수 없음과 오직 우리의 경배와 예배의 대상이 되심을 말하고 있다.

마지막으로 욥은 자신의 고난 문제는 뒤로 하고 잠시 하나님을 원망한 것은 결국 자신이 제대로 알지 못했기 때문임을 인정한다. 그리고 하나님을 제대로 알지 못한 죄를 회개하며 자기를 책망한 친구들을 위해 중보기도를 드림으로 하나님께 인정받아 갑절의 복을 받게 된다.

욥기는 사단의 존재를 가르쳐주고 있으며, 사단도 하나님의 종과 피조물에 불과함을 밝히고 있다. 그리고 인간은 하나님을 아는 정도에 따라 자유함을 누릴 수 있음을 말하고, 때로 인간의 고난은 하나님의 뜻을 이루는 수단이 되기도 함을 말하고 있다.

2. 시편

1) 저자와 배경

시편의 대표적인 저자는 다윗으로 그의 시는 73편이나 수록되어 있다. 그리고 열두 편은 아삽이 기록했는데, 그는 다윗의 영장(찬양대 지휘자)이었다. 그리고 열한 편은 고라 자손들에 의해 기록되었는데, 이들은 성전에서 주로 노래하는 일로 봉사하는 레위인들이었다. 두 편은 솔로몬, 한 편은 모세, 그리고 한 편은 에단에 의해서 기록되었고, 오십 편은 저자 미상이다. 사실 다윗의 시가 주로 수록되었기에 시편을 다윗의 시편이라 부르기도 한다.

기록 연대는 약 천 년에 걸쳐 기록되었다고 본다. 왜냐하면 모세로부터 포로기 이후로 그 연대가 올라가기 때문이다.

2) 주요 내용

시편은 다섯 권(제1권 1-40편, 제2권 42-72편, 제3권 73-89편, 제4권 90-106편, 제5권 107-150편)으로 구분되는데, 고대 유대인의 전승에 의하면 다섯 권의 각 권은 모세오경의 각 권과 상응한다고 말한다. 각 권의 마지막 시편 끝에는 "하나님을 찬송할지어다"라는 송영이 첨가되어 있다(시편 41:13; 72:18, 19; 89:52; 106:48; 150:6). 전체적인 구조에서 시편 1편은 전체 '서론 역할'을 하며, 150편은 전체를 종결짓는 '종결 송영'이라고 볼 수 있다.

시편은 하나님이 가장 위대한 왕임을 노래한다. 시편의 하나님은 자녀들을 지키시고 보호하시는 하나님이시며, 악한 자를 심판하시는 공의의 하나님이시다.

특별히 시편은 다윗의 위(位, David's throne)에 오를 왕에 대하여 여러 편에 걸쳐 예언하고 있는데(시편 2; 45; 72; 110편), 이 왕은 다윗의 후손으로 오실 예수 그리스도를 예표하고 있다.

시편은 이스라엘의 기도서이며, 예수님이 가장 많이 인용한 성경이기도 하다. 그만큼 시편의 중요성을 인식하게 된다.

3. 잠언

1) 저자와 배경

잠언(箴言)은 '경계가 되는 말'이라는 한자어의 뜻으로 격언이나 금언과 같은 말이다. 히브리 성경의 본래 명칭은 '솔로몬의 잠언'이었다. 잠언은 다양한 지혜의 말을 모은 책으로 저자 역시 히브리 성경의 이름처럼 솔로몬으로 본다. 하지만 이방인인 '아굴'[6]과 '르무엘[7]의 잠언'도 두 장이 있다(30-31장). 어떤 부분은 히스기야의 서기관들이 솔로몬의 잠언을 편집한 것(25:1)으로 보지만 잠언서의 저자는 솔로몬으로 본다.

2) 주요 내용

잠언은 그 첫 머리에 목적이 명시되어 있다(1:4-5).[8] 특히 '내 아들아'

6) 아굴은 야게의 아들이라고 소개되고 있다(잠언 30:1). 영어성경 RSV에서는 맛사 출신으로 소개되는데 그렇다면 아굴은 이방인일 가능성도 있다.

7) 르무엘은 전통적으로 솔로몬과 동일 인물로 보이지만 맛사(Massa)의 왕으로도 추정한다. 맛사는 북아라비아에 있었던 왕국이었다.

8) (잠언 1:4-5), "어리석은 자를 슬기롭게 하며 젊은 자에게 지식과 근신함을 주기 위한 것이니, 지혜 있는 자는 듣고 학식이 더할 것이요 명철한 자는 지략을 얻을 것이라."

라는 말이 자주 등장(잠 1:8, 10; 2:1; 3:1; 4:1; 5:1)하는 것으로 보아 잠언은 특별히 젊은이들에게 올바른 삶의 길을 가르쳐 주기 위한 책이라는 것을 알 수 있다.

잠언은 올바른 삶의 길을 하나님의 경외하는 것으로 제시를 하고 있다. 따라서 잠언은 1장 7절에서 하나님을 경외하는 것이 지식의 근본이라고 말하고 있다.

4. 전도서

1) 저자와 배경

히브리 성경에서 이 책의 이름은 '전파자'(1:2; 12:8)이다. 이 말은 '전도자의 말'이라는 뜻인데, 오늘 우리가 전도서(傳道書, Ecclesiastes)라고 부르는 것은 중국어역 성경을 따른 것인데, 헬라어 70인역에서 유래되었다.[9] 전도서 저자도 여러 정황으로 보아 솔로몬으로 본다.

2) 주요 내용

전도서는 1장에서 세상의 헛됨을 강조하는 것으로 시작하고 있다. 전도서 기자는 세상의 헛됨을 강조하면서 더불어 세상 모든 일에 하나님의 섭리가 작용하고 있음을 밝히고 있다. 다시 말해서 인생의 현실이 때로는 절망적이고 미래의 불확실성에 대해 두려운 마음을 가지고 살지만, 결국 인생의 모든 복은 하나님으로부터 나오는 것이기에 하나님

9) 오병세, 『성경의 맥을 잡아라』 (서울: 영문, 1998), 86.

을 의지할 때 분복(分福)[10]을 누릴 수 있음을 강조하고 있다.

전도서의 결론은 헛된 삶을 살지 않기 위해서는 청년의 때부터 창조주 하나님을 기억해야 한다고 말하고 있다(12:1). 전도서는 어릴 때부터 하나님을 경외하고 그분의 명령을 지키는 삶을 사는 것이 인생의 참된 복을 누리는 길임을 밝히고 있다(12:13).

5. 아가서

1) 저자와 배경

아가서의 히브리어 명칭은 '노래들 중의 노래'라는 뜻이다. 영어 성경도 'The Song of Song'이라고 부른다. 이 말은 최고의 노래라는 뜻이다. 다른 번역 성경에서는 'The song of solomon'이라고도 부른다. 아가서는 유대인의 축제에 사용되는 5권의 책에서 가장 먼저 등장하며 유월절에 낭독되었다. 아가서 저자도 보편적으로 솔로몬으로 본다. 왜냐하면 광범위한 지식과 왕궁 생활에 대한 묘사 등이 솔로몬의 지혜와 왕궁 생활을 그리고 있다고 보기 때문이다.

2) 주요 내용

아가서는 성애적(性愛的, erotic)인 면 때문에 종종 오해받았다.[11] 하지만 유대교와 기독교에서는 이스라엘 백성들을 향한 하나님의 거룩

10) 각자가 하나님에게 받는 복을 말한다.

11) 예를 들어 아가서 4장에 나오는 술람미 여인의 아름다움에 관한 여러 묘사들은 주님이 교회를 그렇게 세밀하게 사랑하신다는 것을 표현하고 있다고 본다.

한 사랑의 묘사로 보았다. 그리고 현대의 보수주의에서는 아가서를 교회에 대한 그리스도의 사랑과 그리스도에 대한 교회의 사랑을 말하는 것으로 해석하고 있다. 이 견해에 따르면 솔로몬은 그리스도를 나타내고 신부는 교회를 나타낸다고 볼 수 있다. 아가서는 하나님과 그의 백성 사이의 사랑과 궁극적으로는 신약시대의 교회를 세우시는 그리스도의 사랑을 예언적으로 노래한 것으로 이해될 수 있다.

3) 개요[12)]

① 사랑하는 자 사이의 대화(1:1-2:7)

② 사랑하는 자가 서로 찾고 만남(2:8-3:5)

③ 신부와의 결혼(3:6-5:1)

④ 사랑의 어려움과 성취(5:2-6:9)

⑤ 아름답고 겸손한 왕비로서의 술람미 여인(6:10-8:4)

⑥ 사랑의 언약이 재확인됨(8:5-14)

---

12) 오병세, 89.

제6장

선지서

선지서는 일반적으로 5권의 대선지서(이사야, 예레미야, 예레미야애가, 에스겔, 다니엘)와 12권의 소선지서로 구분된다. 이것은 의미의 차이라기보다 분량의 차이로 구분이 된다. 대선지서들은 대부분 분량이 많고, 소선지서들은 상대적으로 분량이 작다.[1] 유대인 성경에서는 소선지서를 '12선지서'라고도 불렀다.

---

1) 대선지서 중에서 예레미야애가는 분량이 작지만 같은 저자의 책으로 보아 함께 분류한다.

1. 선지자와 선지서

1) 선지자

선지자(prophet)의 히브리 원어 뜻은 '부름 받은 사람'이다. 선지자는 다른 말로 '예언자'라고도 불리는데, 그 뜻은 '하나님의 말씀을 맡은 자'라는 뜻이다. 선지자는 하나님의 대언자(代言者)로 부름 받아 말씀을 전하는 사명을 받은 자를 일컫는다.

구약시대의 선지자들은 다른 나라 역사에서는 그 유래를 찾아볼 수 없을 정도로 이스라엘 역사에 나타나는 독특한 직분이다. 이것은 이스라엘 민족이 하나님의 직접적인 신탁(神託)[2]에 의해 움직이는 민족이었기 때문이다. 최초의 선지자는 최후의 사사로도 알려진 사무엘이었다. 그리고 죽음을 보지 않고 하나님의 나라에 간 엘리야와 그의 제자 엘리사도 유명한 선지자로 알려져 있다.

2) 선지서

선지자들의 메시지는 대부분 이스라엘을 향한 하나님의 뜻이었다. 하지만 그 외에도 하나님의 구원 역사나 하나님의 일반적인 통치 원리도 포함이 되어 있다. 따라서 우리는 선지서들을 통하여 하나님의 구원과 하나님의 심판이 어떻게 이스라엘 백성들에게 적용되며, 하나님의 말씀이 얼마나 위력이 있는가를 살펴보게 된다. 선지서는 예언서의 성격을 가지고 있기에 무리한 해석은 잘못된 해석과 오해를 가져올 수 있다. 따라서 선지서를 이해하려 할 때에는 성령의 인도하심을 받고, 학자들의 도움을 받는 것이 좋은 자세일 것이다.

---

2) 신이 인간에게 전달하는 뜻과 말씀, 또는 신의 응답을 말한다.

2. 대선지서

1) 이사야

이사야 선지자 이름의 뜻은 "하나님은 구원하신다"이다. 그는 B.C. 740년경 웃시야[3] 왕이 죽은 후에 일생을 예루살렘에서 보내며 사역하였다. 이사야는 앗시리아(Assyria)[4]가 왕성하고 북 이스라엘이 몰락해 가는 격동기, 곧 남 유다 웃시야 왕으로부터 히스기야[5] 왕의 시대까지 활동하면서 남 유다의 영적 타락과 암담한 장래에 대해 예언하였다.

이사야는 남 유다가 겪을 환난의 원인으로 하나님 앞에서의 죄를 지적했다. 그는 신정국가인 남 유다가 종교적 부패로 멸망을 당할 수 있음을 예언하고 있다. 하지만 그는 희망의 메시지도 잊지 않았다. 이스라엘 백성들이 회개하고 돌아서면 하나님께서 긍휼을 베푸실 것을 말하고 있다. 이 긍휼의 정점은 메시야이다. 하나님은 메시야를 통하여 이스라엘 민족뿐만 아니라 모든 인류를 죄로부터 구원하실 것을 예언하고 있다. 그래서 이사야를 메시야적 선지자라 부르기도 한다. 특히 이사야 53장에 나타난 고난의 메시야에 관한 말씀은 메시야에 대한 예언 중 가장 귀한 부분이라고 할 수 있다.

3) 남유다의 제10대 왕으로 52년 간 통치했다. 말년에는 나병에 걸려 별궁에서 생을 마감했다.

4) B.C. 3천년 경에 현재의 이라크 지역인 티그리스 강 상류지역을 중심으로 형성된 국가이다.

5) 남 유다의 제13대 왕으로 북이스라엘의 패망과 앗수르의 남하 정책에 맞섰던 왕이다. 재임 시절 앗수르 군대의 침략을 받았으나 하나님의 도우심으로 하루 저녁에 18만 5천 명의 군사가 당하고 퇴각하였다.

2) 예레미야

예레미야 선지자는 B.C. 623년경부터 586년경까지 사역하였다. 하박국과 오바댜 에스겔 등이 동시대의 인물들이었다. 전승(傳承)에 의하면 그는 후에 이집트에서 돌에 맞아 순교했다고 전해진다. 예레미야는 남 유다가 멸망하기 전 가장 중요한 시기인 마지막 40여 년간에 죽음의 위험을 무릅쓰고 하나님의 말씀을 전한 위대한 선지자였다.

예레미야가 활동할 당시 유다 백성들의 신앙은 형식에 불과했고, 불신앙적인 모습이 너무 많았다. 이것은 므낫세 왕의 오랜 악정으로 인한 결과도 있었을 것이다. 이런 상황에서 예레미야는 형식적인 신앙과 불신앙은 결국 하나님의 진노와 심판을 가져올 것을 예언하고 있다. 그래서 예루살렘 성은 멸망할 것이고, 백성들은 이방 나라에 포로로 잡혀가게 될 것을 예언하였다.

하지만 한편으로는 하나님의 긍휼도 예언하였다. 비록 포로로 잡혀갈지라도 70년 후에는 하나님이 회복시키실 것을 말하고 있다. 이러한 예레미야의 예언은 결국 하나님이 이스라엘을 버리지 않으신다는 희망의 메시지로 끝을 맺고 있다.

3) 예레미야애가

애가서의 저자는 확실하지 않지만 유대 전통에 따르면 예레미야를 저자라고 생각한다. 그래서 애가는 5장 밖에 되지 않지만 대선지서인 예레미야와 같은 저자가 기록한 성경이기에 대선지서에 포함시키고 있다. 애가의 기록 시기는 예루살렘 멸망에 대한 묘사가 언급된 것으로 보아 예루살렘 멸망 직후인 B.C. 586년경으로 추정된다. 애가서는 예루살렘과 성전의 파괴, 이스라엘 백성의 포로생활 등 엄청난 비극과 상실감을 시적인 형식으로 표현한 작품이다. 애가서는 유대의 축제나 금식의 절기에 사용되었던 5권(룻기, 아가, 애가, 에스더, 전도서)의 책[6] 중 하나이다.

애가서는 앞에서는 멸망에 관하여 이야기를 한 후에(1, 2장), 중반에서 하나님의 선하심을 노래하고(3, 4장), 마지막에는 회개로 끝을 맺고 있다(5장).

4) 에스겔

에스겔 이름의 뜻은 "하나님은 강하시다"이다. 제사장 가정에서 태어난 제사장이면서 동시에 선지자였다. 에스겔이 바벨론에 포로로 잡혀간 때는 B.C. 597년경이며, 바벨론의 그발 강(Kebar River)[7]가에 거주하면서 B.C. 593년경에서 571년경 사이에 말씀을 전하였다.

에스겔은 국제적인 혼란기에 살았다. 북 이스라엘을 멸망시킨 앗수르는 B.C. 612년 바벨론과 메데[8] 연합군에게 패하여 종말을 고하였고, 바벨론은 B.C. 586년에 유다를 멸망시키고, B.C. 539년 바사의 고레스왕에게 멸망될 때까지 세계를 지배했다. 이러한 혼란기에 그는 바벨론에 포로로 잡혀온 이스라엘 백성들에게 그들의 죄 때문에 재앙이 임하였음을 가르쳐주었고, 그럼에도 불구하고 하나님은 자기 백성을 결

---

6) 이 다섯 권의 책은 히브리 성경에서 두루마리서로 분류되어 이스라엘 절기 때 낭독되었다.

7) 바벨론의 유브라데 강에서 끌어들인 관개용 운하였다. 고대 닙불(남 바벨론의 고대도시)의 3대 운하 중 하나였으며 이 강 주변으로 에스겔 선지자를 비롯한 남 유다 포로민들이 정착해 살았다.

8) 현재 이란의 북서부에 자리 잡았던 고대국가이다. B.C. 11세기에 출현하여 B.C. 6세기에 페르시아에게 멸망하였다. 전성기 때는 영토가 흑해 남부 연안에서 오늘의 아프가니스탄까지 이르는 광할한 지역을 다스리는 제국이었다.

코 버리지 않고 회복시켜 주실 것을 말하고 있다. 그래서 에스겔서에는 하나님의 주권이 특히 강조되고 있다.

따라서 "그들은 내가 하나님인줄 알리라"는 말이 무려 65회 이상 나타나고 있다. 결국 이스라엘의 멸망(1-24장)과 이방 나라의 멸망(25-32장), 그리고 이스라엘의 회복(33-48장)에 이르기까지 모든 과정들을 통하여 하나님은 자신을 증거하게 될 것을 말씀하고 있다. 특별히 에스겔서는 계시의 측면에서 요한계시록과 많은 연관성을 가진다.

5) 다니엘

다니엘의 이름은 "하나님이 나의 재판자"라는 뜻이다. 다니엘은 바벨론[9]의 느부갓네살[10] 왕에 의해 예루살렘에서 포로로 끌려간 젊은이였는데, 후에는 궁중의 고위 관리가 되었다. 다니엘은 B.C. 605년 바벨론 포로로 끌려갔으며 바사의 고레스 왕 3년에 예언을 받을 때까지(B.C. 536년) 오랜 세월동안 궁중에서 봉사했다(10:1). 다니엘서는 B.C. 4-5세기경에 기록된 것으로 보인다. 이러한 다니엘서는 2장 4절부터 7장 28절까지 아람어로 되어 있고, 그 외는 히브리어로 되어 있다.

다니엘서는 바벨론 궁정에서 살게 되는 다니엘의 상황에서 시작하여 하나님의 백성들에게 고난을 주는 여러 나라들에 대한 내용을 다루면서 인간 역사에 관한 하나님의 절대적 주권, 그리고 이방 신들에 대한 하나님의 우월적 지위, 또한 그리스도의 재림으로 성취될 종말론

---

9) 현재 이라크의 수도 바그다드 주변에서 일어나 주변을 다스렸던 제국이다. 유명한 왕으로 바벨론 제1왕조의 함무라비(Hammurabi, B.C. 1792-1750) 왕이 있다. 그는 '함무라비 법전'을 제정하였다. 이 제국은 B.C. 539년 벨사살(Belshazzar, B.C. ?- 539) 왕 때에 바사의 고레스 왕에게 패하여 멸망했다(다니엘 5:30).

10) 느부갓네살 2세(Nebuchadnezzar Ⅱ, B.C. 605-562) 때를 가리킨다. 당시 바벨론은 최고 전성기를 누렸다.

적인 하나님 나라를 예언함으로 포로생활 가운데 있는 유대인들을 위로하고 있다.

하나님의 주권과 우월적 지위는 궁중에 들어간 다니엘을 지키는 하나님의 권능(1장), 느브갓네살 왕의 꿈 해몽(2장), 사자굴에서 다니엘을 살려 내시는 하나님(6장) 등을 통해 나타난다. 다니엘의 메시지는 이스라엘의 포로생활은 이방 나라에게 하나님의 권능을 선포하고 증거 하는 기간이었음을 말하고 있다.

3. 소선지서

1) 호세아

북이스라엘 출신인 호세아는 남 유다 출신인 아모스 선지자에 이어서 북 이스라엘의 여로보암 2세(B.C. 793-753) 왕의 말기로부터 북 이스라엘의 마지막 왕인 호세아(B.C. 732-722) 왕에 이르기까지 주로 북 이스라엘 지역에서 활동한 선지자이다. 호세아서는 인간의 죄악에도 하나님이 얼마나 자기 백성을 사랑하고 있는지를 '음란하고 부정한 아내 고멜'을 통하여 증거하고 있다. 고멜은 호세아 선지자의 아내로서 한 아들을 낳은 후에 남편을 버리고 부적절한 관계로 두 딸을 낳는다. 하지만 호세아는 하나님의 명령을 좇아 고멜을 데려왔는데 이는 이스라엘 백성들이 불신앙으로 하나님을 떠났지만 하나님께서는 끝까지 사랑하신다는 것을 비유로 말씀하시는 것이다.

하나님에 대한 불충성은 영적인 간음과도 같은 것이다. 본서는 3장까지 부정한 아내와 신실한 남편의 비유를 통하여 하나님의 사랑을 전하고, 4장에서 14장까지 그 비유를 부정한 이스라엘과 신실한 하나님과의 관계로서 하나님의 사랑을 전하고 있다.

2) 요엘

요엘은 "여호와는 하나님이시다"라는 뜻이다. 그는 남 유다와 예루살렘을 향한 예언을 하였다. 요엘서는 크게 두 부분으로 구성되었다. 첫째는 모세오경에 나오는 것과 같은 '메뚜기 재앙'과 하나님의 날에 대한 것이고, 둘째는 다가올 영광에 대한 것이다. 하나님의 날은 죄악된 유다에 대한 심판의 날이며, 회복은 심판과 회개 이후에 찾아온다는 사실을 강조하고 있다. 요엘서의 예언 속에는 하나님이 신약시대에 주실 성령의 역사가 나타나고 있다(2:28, 29).

3) 아모스

아모스의 뜻은 '짐진 자'이다. 아모스는 유다 드고아 출신으로 북 이스라엘에서 하나님의 말씀을 전한 선지자이다. 아모스는 유다의 웃시야 왕과 이스라엘의 여로보암 2세(B.C. 793-753) 때 활동했다.

아모스가 활동할 당시 북 이스라엘은 정치적, 군사적으로 풍족했지만 그와는 반대로 하나님 앞에서 우상숭배와 사치, 부도덕, 특히 타락한 재판과 가난한 자에 대한 억압 등이 가득한 곳이었다.

이러한 북 이스라엘에 대해 아모스는 '다림줄을 들고 서 계시는 하나님'에 관한 환상을 이야기함으로 하나님의 개입이 있을 것을 말하고, 앗수르 나라를 도구로 사용할 수 있음도 지적하고 있다. 아모스는 따라서 북 이스라엘에게 하나님의 백성으로서의 책임과 의무를 강력하게 촉구하며 회개의 길로 들어설 것을 요구한다. 끝으로 미래의 구원에 관한 예언을 하면서 말씀을 순종하는 자는 결국 새 나라의 구원을 얻게 될 것을 전하고 있다.

4) 오바댜

오바댜의 뜻은 '여호와의 종'이라는 뜻이다. 오바댜는 구약에서 가장 짧은 책이며, 기록 연대가 분명하지 않다. 남 유다의 여호람(B.C. 851-841) 때 혹은 바벨론이 예루살렘을 공격했을 때(B.C. 605-586) 기록되었을 것으로 추정한다.

오바댜서의 내용은 예레미야서(예레미야 49:7-22)와 유사하다. 본서는 에돔[11]에게 멸시와 수난을 당한 이스라엘의 회복에 대해 예언을 하고 있다(17-21절). 이것은 하나님과 그의 백성과의 관계에 대한 설명이다. 에돔은 하나님의 백성을 괴롭히는 모든 나라의 심판에 대한 본보기가 되었다. 모든 나라 위에 하나님이 계시고, 하나님은 하나님의 백성들을 구원하시고 회복시키신다는 결론이다. 그런데 오바댜는 다른 선지서들과는 달리 회개에 대한 촉구가 나타나지 않는다.

5) 요나

요나의 뜻은 '비둘기'이다. 그는 갈릴리 지역의 스불론 지파에 속한 가드헤벨이란 도시의 출신으로 아밋대의 아들이었다. 요나는 B.C. 800

11) 에돔은 이스라엘에게는 형제 나라와 같다. 왜냐하면 그 조상이 야곱의 형인 에서이기 때문이다. 그들은 세일산을 근거지로 살았는데, 수도인 페트라는 약 3Km에 걸쳐진 계곡 속에 있어 난공불락의 요새였다. 에돔은 바벨론이 유다를 침공할 때 앞장서기도 하였다. 에돔은 B.C. 6세기 바벨론의 마지막 왕이었던 벨사살에게 멸망하였다.

년에서 B.C. 750년까지 활동했으며 아모스와 같은 시대의 사람이었다.

요나서는 이스라엘의 적대 국가인 니느웨에 복음을 전하라는 명령을 받고서 불순종과 순종 사이에서 고난을 겪는 요나 선지자의 이야기이다. 이러한 요나 선지자의 이야기는 이방인을 비롯한 모든 사람들을 사랑하시는 사랑의 하나님을 증거하고 있다. 요나가 사흘 동안 물고기 뱃속에 있었던 사건은 사흘 동안 무덤에 머무르셨던 예수를 비유로 한 것으로 본다.

6) 미가

미가의 뜻은 '누가 여호와와 같은가?'이다. 그래서 그는 하나님의 성실과 용서를 자신의 이름과 연결시켜 7장 18절에서 "주와 같은 신이 어디에 있으랴?" 하고 말하고 있다. 그는 남유다 출신의 선지자로서 B.C. 750년에서 B.C. 686년까지 활동했으며 이사야, 호세아와 같은 시대 인물이었다.

미가는 사마리아로부터 시작된 죄가 남 유다와 이스라엘 전체를 멸망시키게 될 것을 예언하였다. 미가의 메시지는 심판과 소망을 동시에 다루고 있다. 다윗의 왕국은 멸망에 이르는 것 같지만 오실 구원자 메시야를 통해 더 크게 확장될 것을 말하고 있다. 따라서 이스라엘의 회복과 관련하여 메시야가 베들레헴에서 탄생할 것이라는 예언은 미가의 독특한 예언이라고 할 것이다(5:2).[12]

---

12) (미가 5:2) "베들레헴 에브라다야 너는 유다 족속 중에 작을지라도 이스라엘을 다스릴 자가 네게서 내게로 나올 것이라 그의 근본은 상고에, 영원에 있느니라."

7) 나훔

나훔의 뜻은 '위로'이다. 이것은 나훔의 메시지와도 관련이 있다. 왜냐하면 나훔이 말하는 위로는 하나님의 대적들에 대한 복수를 통하여 그의 백성들이 얻는 위로이기 때문이다. 나훔은 B.C. 663년에 실현된 앗수르의 수도 니느웨의 멸망에 관하여 예언하고 있다. 이 예언은 결국 북 이스라엘을 멸망시킨 앗수르 제국의 멸망에 관한 예언이었다.[13]

나훔에 나타나는 하나님은 공의의 하나님이다. 니느웨는 요나로 인해 잠시 회개하는 듯하였으나 다시 우상숭배를 하며 잔인하고 사악함을 드러내었을 때, 하나님께서는 공의로우심으로 홍수로 심판하시고(1:8) 억압받던 남 유다는 회복할 것을 예언하였다(2:2). 나훔에 나타나는 하나님의 공의는 1장 3절에 잘 나타나 있다(나훔 1:3). "여호와는 노하기를 더디 하시며 권능이 크시며 벌 받을 자를 결코 내버려두지 아니하시느니라. 여호와의 길은 회오리바람과 광풍에 있고 구름은 그의 발의 티끌이로다."

8) 하박국

하박국의 뜻은 "포옹하다"이다. 하박국은 요시야 왕 말년부터 여호야김(B.C. 609-598) 왕 초기에 활동한 선지자였다. 이 시대는 종교개혁을 시도한 요시야 왕이 애굽의 바로느고 왕에게 죽임을 당하고(B.C. 607), 그 아들 여호야김이 유다를 다스리던 때였다. 스바냐 선지자가 일어나 이스라엘 죄악을 책망하였으나 듣지 않았기에 하나님은 다시 하박국 선지자를 사용하셨다.

---

13) 앗수르 제국은 B.C. 612년 바벨론과 메데의 연합군에 의해서 멸망하였다.

하박국서의 특징은 이스라엘을 향한 예언이 포함되어 있지 않고 하나님과 선지자와의 대화라는 점이다. 그래서 일종의 변증서이다. 그럼에도 우리는 하박국서를 이스라엘을 향한 메시지로 보아야 한다. 하박국이 하나님께 항변하는 것은 남 유다가 비록 죄 많은 백성이지만 사악하고 잔인한 바벨론과 동일선상에서 비교할 수 있느냐는 것이다. 그에 대하여 하나님은 "의인은 믿음으로 말미암아 산다"(2:4)는 말씀을 하시면서 패역한 파괴자인 바벨론을 진멸하시고 남 유다는 심판하시지만 그 가운데 남은 자(remnant)를 지키시고(3:1-2), 이들을 통하여 구속의 역사를 이루어 가시며, 새로운 나라를 세우실 것을 말씀하고 있다. 이것은 이신득의(以信得義) 사상[14](2:4)으로써 16세기에 루터는 이 말씀에 근거를 두어 종교개혁의 기치를 높이 들었었다.

9) 스바냐

스바냐는 '여호와께서 감추신 자'라는 뜻이다. 스바냐는 남 유다 요시야 왕 재위 기간에 활동한 선지자이다. 스바냐가 활동할 당시 유다 백성은 므낫세 왕과 아몬 왕의 영향을 받아 우상숭배와 죄악에 사로잡혔다. 이에 하나님은 스바냐를 통하여 '여호와의 날'이 임박했음을 경고하면서 하나님의 주권 앞에 회개할 것을 촉구하고 있다.

이러한 스바냐의 활동이 요시야 왕의 종교개혁에도 영향을 주었을 것으로 보인다. 본서는 1장과 2장에서 유다와 열방에 임할 심판을 경고하고, 3장에서 남은 자들의 회복을 말하고 있다.

14) "오직 믿음으로써 의로움을 얻는다"는 뜻이다. 이 말의 뜻은 인간은 본래 죄와 사망의 권세 아래 놓인 절망의 존재였지만 예수 그리스도를 믿음으로 그 죄 문제를 해결 받고, 하나님 앞에서 의로운 자로 자격을 얻게 된다는 기독교 교리이다(로마서 1:17; 3:21; 갈라디아서 2:16).

10) 학개

학개는 '잔치, 축제'라는 뜻을 가지고 있다. 학개는 스가랴와 함께 포로생활에서 유다로 귀환한 사람들이 성전을 재건축하는 것을 격려한 선지자이다. B.C. 538년경 바벨론을 정복한 페르시아 고레스 왕은 유대인에게 고향으로 돌아가서 성전을 재건할 수 있도록 명을 내렸다. 그래서 스룹바벨의 인도로 약 5만 명의 유대인들이 귀환하여 성전 건축을 시작하여 약 2년 후에 기초를 완성하였다.

하지만 성전 건축은 순조롭지 않았다. 왜냐하면 사마리아인을 비롯한 주변 민족들의 방해가 있었고 무관심도 한몫하였다. 따라서 학개 선지자는 성전 건축을 늦추지 말 것을 촉구했으며, 재건될 성전이 하나님 앞에서 영광스러워야 하며 성전 건축을 통하여 백성들이 하나님 중심으로 돌아와야 한다는 것과, 성전 재건 결과는 축복임을 제시하고 있다. 학개 선지자의 활동으로 성전은 B.C. 516년에 완성되었다. 학개의 선지자 활동은 B.C. 520년부터 시작이 되었다고 본다.

11) 스가랴

스가랴는 "여호와께서 기억하신다"는 뜻이다. 그는 바벨론에서 태어났으며, BC 538년에 유다로 귀환한 무리 중에 있었다. 스가랴는 학개와 같은 시대 사람이었지만 학개보다 훨씬 나중까지 사역하였다.

스가랴서는 학개서와 마찬가지로 성전 재건을 강조하고 있는데, 학개서와 다른 점은 환상이나 예언, 그리고 수사적 표현 등을 많이 동원한다는 것이다. 그래서 스가랴서는 해석하는 데 어려움을 주기도 한다.

특히 스가랴서는 메시야에 관한 여러 예언을 하고 있는데, 낮은 모습으로 오시는 메시야(6:12), 은 삼십에 팔리는 메시야(11:12-13), 십자가에서 죽으시는 메시야(13:7), 영광 중에 재림하시는 메시야(14:4) 등을 예언하고 있다. 그리고 유다 왕국의 멸망과 회복, 그리고 메시야 왕국으로서의 영광에 대해서도 말하고 있다.

12) 말라기

말라기는 '나의 사자'라는 뜻을 가졌다. 말라기와 느헤미야가 말하는 죄들에는 유사한 점이 있다.[15] 따라서 학자들은 말라기가 느헤미야와 같은 시대 인물로 추정한다. 그는 구약의 마지막 선지자였다.

이스라엘 백성들이 포로에서 귀환하여 학개와 스가랴의 지도로 성전을 재건했으나, 수십 년이 지나도 선택한 백성에게 임하겠다고 약속하신 영광이 임하지 않고 여전히 고달픈 삶이 계속되자, 신앙이 약해지기 시작했다. 그래서 안식일을 제대로 지키지 않고 십일조를 드리지 않으며, 이방인들과 결혼하는 등 타락한 모습을 보였다. 말라기는 이러한 죄들을 지적하면서 장차 나타날 메시야 왕국에 대한 소망을 가지고 예배의 거룩성과 신앙생활의 순결성 회복을 촉구하고 있다. 말라기는 하나님이 앞으로 엘리야를 보낼 것을 말하고 있다(4:5).[16] 여기서 엘리야는 세례 요한을 뜻하고 있다. 이렇게 말라기서는 메시야에 대한 예언으로 끝을 맺는다. 이것이 선지자 시대의 마지막 말씀과 예언이었다.

---

15) 느헤미야서에도 십일조를 바치지 않고 안식일을 제대로 지키지 않으며 이방인들과 통혼하는 등의 유다로 귀환한 이스라엘 백성들의 타락상이 기록되어 있다(느헤미야 13장).

16) "보라 여호와의 크고 두려운 날이 이르기 전에 내가 선지자 엘리야를 너희에게 보내리니."

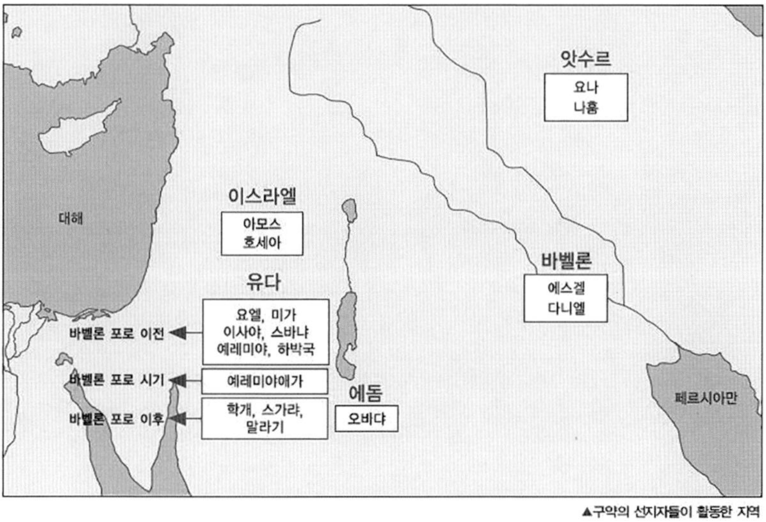

[그림] 선지자들이 활동한 지역[17]

17) http://www.godpeople.com/?C=6655&pc=ok

2부

신약

제7장

공관복음

1. 신약성경의 배경

1) 사회적 배경

(1) 바벨론 시대(B.C. 629-539)

북 이스라엘이 앗수르에 점령(B.C. 722)당하고, 남 유다는 바벨론에 B.C. 605년 지배당하기 시작하여 B.C. 586년경에 완전히 점령당했다. 70년 동안 이어진 바벨론에서의 포로생활은 바벨론이 B.C. 539년에 페르시아에 멸망하기까지 계속되었다. 바벨론이 페르시아에 멸망하고 난 후 고레스 왕은 스룹바벨을 통하여 1차 포로 귀환을 허락하였고, 스룹바벨이 예루살렘의 무너진 성전을 재건하였다.

(2) 페르시아 시대(B.C. 539-331)

페르시아는 B.C. 539년에 바벨론을 멸망시켰고, 이스라엘 백성들을 고향으로 돌려보내 성전과 성벽을 재건하게 하였다. 이스라엘은 페르시아 시대에 고레스 왕과 다리오 왕을 거치면서 성전을 재건하고 한 때 회개운동과 신앙운동을 일으켰지만 얼마 가지 않아 나태해지고, 말라기 선지자를 통하여 신앙개혁 운동에 관한 필요성을 듣게 된다. 하지만 개혁이 실패하자 선지자 시대는 종말을 고하고, 세례 요한이 나타나기까지 이스라엘은 400년 동안 하나님의 말씀이 침묵하는 시대를 맞게 된다. 이 시기를 '중간기(中間期, inter testamental period)'라고 부른다.

(3) 그리스 시대(B.C. 331-167)

알렉산더 대왕이 아르벨라 전투에서 다리오 3세를 이김으로 페르시아를 멸망시키고 그리스 제국을 건설한다. 하지만 인도까지 점령하며 대제국을 건설하던 알렉산더는 33세를 일기로(B.C. 323) 요절하고, 그 뒤에 제국은 네 나라로 분열되었다. 이스라엘은 처음에는 이집트의 프톨레마이오스 왕조에게(B.C. 285-197), 후에는 시리아의 셀레우코스 왕조에게 지배를 받게 된다(B.C. 197-167).

(4) 하스몬 시대(B.C. 167-63)

이 시기는 유대의 독립시기였다. 그동안 종교정책에 호의적이던 그리스 제국과 달리 정권을 잡은 안티오쿠스 4세[1]가 종교 말살정책[2]을 펴려 하자 반발하여 독립운동이 일어났다. 독립운동의 중심에는 '마타티아스(Mattathias)'[3]가 있었다. 그 아들들로 인하여 독립운동은 계속되고, 셋째 아들 유다 마카비(Simon Maccabeus)[4]에 의해 독립국가로 인정받게 되었다. 하스몬이라는 이름은 마타티아스 아버지 이름을 따서 부른 이름이다. 하지만 얼마 가지 않아 권력 투쟁과 당파 분쟁으로 분리와 내전을 겪게 되고, 로마 군대가 개입하자 결과적으로 로마의 지배하에 들어가게 된다

(5) 로마시대(B.C. 63년-신약)

로마의 통치는 B.C. 63년경에 유대 내전에 개입하면서 시작되었다. 로마에 의해 분봉왕[5]으로 세움 받은 헤롯 왕이 이스라엘을 통치하면서 B.C. 23년에 헤롯 궁전을 건축하고, B.C. 19년에 헤롯 성전 건축을 시작하였는 데 이 성전은 A.D. 64년까지 계속되었다. 이 헤롯 왕은 예수님이 탄생하셨을 때 베들레헴 일대의 두 살 이하 사내아이를 모두

---

1) 셀레우코스 제국(팔레스틴과 현재의 시리아와 이란에 걸쳐져 있었던 제국)의 안티오쿠스 에피파네스(Antiochus Epiphanes, 재위: B.C. 175-164년)는 재임 초기에 나라의 안정을 위해 헬라화 정책을 폈다.

2) 안티오쿠스 4세는 예루살렘 성전 마당에 제우스 신상을 세우고, 제우스를 섬기도록 강요하였으며 율법서를 지녔거나, 그것을 지키거나 아이에게 할례를 베푼 레위인을 처형하였다. 결국 이러한 박해가 마카비 전쟁의 도화선이 되었다.

3) 하스몬(Hasmonaeans) 가문의 제사장으로서 B.C. 168년에 안티오쿠스 황제의 폭정에 반란을 일으켰다.

4) 그는 마타티아스의 아들로 아버지와 함께 반란을 일으켜 성전을 정화하고 독립국가를 이룬다. 이렇게 시작된 마카비 왕조는 약 백 년 동안 계속되었다. 마카비는 '망치를 든 자'라는 뜻의 별명이었지만 이후에는 가문의 이름이 되었다.

5) 왕이나 황제의 허락으로 한 나라의 일정 지역을 다스리던 군주. 왕보다는 다소 지위가 낮았으나 때로는 왕으로도 불렸다.

죽이기도 했다(마태복음 2:16).

2) 종교적 배경

신약 초기 이스라엘 안에는 여러 종파가 있었다. 대표적으로는 바리새파, 사두개인, 엣세네파, 열심당원, 그리고 서기관들이었다. 이들은 복음서에도 자주 등장하는 종파들이다. 이들을 살펴보는 것이 복음서를 이해하는 데 도움이 될 것이다.

(1) 바리새파(Pharisee)

당시 약 2만 5천여 명의 예루살렘 인구 중에서 약 6천 명 정도인 바리새파는 중간기인 독립 시기에 헬라문화를 거부하고 선민주의와 율법주의를 확립하려는 경건주의에서 시작되었다. 이렇게 시작은 율법의 올바른 해석과 적용으로 신앙 회복을 중심에 두었지만 나중에는 권위주의와 형식주의로 발전하여 예수의 가르침을 공격하게 된다.

(2) 사두개파(Saducee)

사두개파도 중간기의 마카비 시기에 생겨난 종파이다. 사두개라는 이름은 다윗과 솔로몬 시대에 제사장이었던 '사독'에서 유래되었다. 사두개인들은 바리새인들보다 그 수는 훨씬 적었으나 일반적으로 부유하고 권력을 소유한 사람들이었다. 그래서 이들은 대부분 제사장들이 중심이었고, 산헤드린 공회[6]원들로서 일종의 정치집단을 형성하고 있었다.

---

6) 로마 통치하에서 정치 문제(사형권은 로마 당국에만 있었음)를 제외한 이스라엘의 입법과 사법을 총괄하는 최고 정책 의결 기구였다. 대제사장이 의장이며 공회원은 바리새

이들은 모세오경만 완전한 권위로 인정하였고, 천사나 귀신 그리고 부활, 영생, 영혼의 존재와 메시야 도래는 믿지 않았다(마가복음 12:18; 누가복음 20:27; 사도행전 23:8). 사두개파는 70년경 예루살렘이 멸망한 후에 더 이상 존재하지 않았다.

(3) 엣세네파(Essenes)

마카비 시대에 생겨난 엣세네파는 당시 약 4천 명 정도였는데, 사해 주변에 공동 생활권을 형성하고 장로의 지도하에 공동체를 이루며 살았다. 이들은 바리새인들의 삶보다 훨씬 더 엄격한 율법주의로 살아갔다. 이들은 사유 재산을 헌납하고, 노동을 신성시했으며 결혼하지 않았다는 기록도 있다. 70년경에 사라진 것으로 알려진 엣세네파들 중에는 기독교로 귀의(歸依)한 경우도 있었다고 전해진다.

(4) 서기관

주로 바리새파에 속하였고 산헤드린 공의회 핵심 인물인 서기관들은 율법을 해석하고, 율법을 가르치며, 율법을 어기는 사람들을 고소할 책임을 가졌다. 하지만 이러한 책임과 권리를 잘못 사용하여 외식을 일삼았으며(마태복음 23:13, 23, 25), 백성들을 잘못 가르침으로 예수에게 책망받게 되자, 급기야는 예수를 고발할 근거를 찾고(누가복음 6:7), 마침내 예수를 십자가에 못 박는 죄까지 짓게 되었다(마태복음 20:18). 이들이 정리한 율법은 나중에 '미쉬나'(Mishanh)로 불렸고, 이 책을 해

인, 사두개인(제사장 계급을 독점), 서기관, 장로 등 백성의 대표들로 구성되었으며, 율법에 따라 70명을 정수로 하였다(의장 포함 71명). 주로 율법을 해석하고 종교 재판을 주관하며, 성전의 치안을 유지하는 문제들을 다루었다.

석한 책이 '탈무드'(Talmud)[7]이다.

2. 사복음서 개요

1) 왜 복음서인가?

① 복음(Gospel)은 '복된 소식'이라는 뜻이다.

예수 그리스도를 통한 구원에 관한 복음의 내용을 기록하였기에 신약성경의 앞 부분 네 책을 복음서라고 부른다.

(마가복음 1:1) "하나님의 아들 예수 그리스도의 복음의 시작이라."

(요한복음 21:25) "예수께서 행하신 일이 이 외에도 많으니 만일 낱낱이 기록된다면 이 세상이라도 이 기록된 책을 두기에 부족할 줄 아노라."

② 마태, 마가, 누가복음을 공관복음(共觀福音)이라고 하는데, 이 3권의 책은 요한복음과는 달리 많은 점에서 공통점을 가지고 있다. 공관적(Synoptic)이란 말은 '함께'와 '본다'가 결합된 말로써 '같이 본다'는 뜻을 지니고 있다.

7) '연구', '교훈', '학습'이란 뜻이다. 유대인 율법학자들의 구전(口傳)과 해설(구전을 보완하여 주석을 붙인 것)을 모은 것이다. 구약 이후에 유대교 랍비들은 약 8세기(B.C. 300년-A.D. 500년)에 걸쳐 종교적, 도덕적, 시민적 생활 전반에 관한 율법을 구전으로 남겼는데, 이것을 집대성한 책이다. 이 책은 유대인들에게 있어 율법서인 토라와 함께 그 중요성을 인정받고 있다.

2) 사복음서인 이유?

① 네 사람의 다른 관점들을 통하여 예수의 사건을 여러 가지 관점으로 관찰하고 해석하게 함으로 복음을 좀 더 잘 이해하기 위함이었다.

예) 장님들의 코끼리 구경(각기 해석이 다르지만 해석들을 모으면 완전한 코끼리가 된다).

② 시대와 상황에 따라서 읽는 독자들이 달랐기 때문에, 독자들을 중심으로 기록되었다.

예) 마태복음 – 유대인을 위한 복음
마가복음 – 로마인들을 위한 복음
누가복음 – 헬라인들을 위한 복음
요한복음 – 핍박받는 그리스도인들을 위한 복음

③ 4개의 독자적인 근원의 이야기가 모두 같은 사실을 증거하고 있다는 것은 반론을 펴기 어렵게 한다.

④ 각 복음서는 다른 복음서를 완벽하게 해준다. 각 권은 서로 불분명하고 불완전할 수 있으나 서로를 설명함으로 완전한 이해를 돕는다.

3) 기록 연대

복음서보다는 서신서가 먼저 기록되었다. 그럼에도 복음서가 신약성경 앞에 있는 이유는 그만큼 중요하기 때문이다. 서신서 중에는 데살로니가전서가 가장 먼저 기록되었고, 복음서 중에는 마가복음이 먼저 기록되었다, 요한복음은 그리스도인들이 핍박을 받던 시기에 기록되었기에 가장 늦은 시기에 기록되었다.

3. 마태복음

1) 기록 목적

당시 기독교(基督教, 그리스도교)에 들어온 유대인들에게 예수 그리스도와 그의 복음을 정리하여 전한 책이다. 마태복음은 메시야를 기다리는 유대인들에게 예수 그리스도야말로 구약에서 예언된 메시야라는 사실을 증거하고 있다. 그래서 마태복음은 복음서 중에서 구약을 가장 많이 인용하고 있으며(65회), 왕으로서의 예수를 증거하고 있다.

2) 특징들

① 하나님의 나라

하늘나라(Kingdom of Heaven)라는 용어가 33회, 하나님의 나라(Kingdom of God)가 4번 사용되었다.

(12:28) "그러나 내가 하나님의 성령을 힘입어 귀신을 쫓아내는 것이면 하나님의 나라가 이미 너희에게 임하였느니라."

(19:24) "약대가 바늘귀로 들어가는 것이 부자가 하나님의 나라에 들어가는 것보다 쉬우니라."

(21:31) "세리들과 창기들이 너희보다 먼저 하나님의 나라에 들어가리라."

(21:43) "하나님의 나라를 너희는 빼앗기고 그 나라의 열매 맺는 백성이 받으리라."

② 마태복음은 예수의 설교를 중심으로 한 책이다.

28장 20절에 잘 나타나 있다. "내가 너희에게 분부한 모든 것을 가르쳐 지키게 하라 볼지어다 내가 세상 끝날까지 너희와 항상 함께 있으리라 하시니라." 그래서 마태복음에는 "예수께서 이 말씀을 마치시고 ... "라는 기록이 자주 나온다. 예수의 말씀은 다섯 가지로 구분해 볼 수 있다.

5대 설교	1설교 - 5:1-7:27	산상보훈
	2설교 - 10:1-42	제자 파송시의 권면
	3설교 - 13장	천국 비유
	4설교 - 18:1-35	권징에 대한 교훈
	5설교 - 23:1-25:46	종말에 대한 교훈(감람산 교훈)

③ 마태에는 특이한 비유들(유대인들에게 공감이 가는)이 많이 있다.

가라지 비유(13장), 감추인 보화 비유(13장), 값진 진주 비유(13장), 그물 비유(13장), 무자비한 종의 비유(18장), 포도원에서 일하는 자(20장), 두 아들 비유(21장), 왕의 아들의 혼인잔치(22장), 열 처녀 비유(25장), 달란트 비유(25장)

④ 그 외: 교회(에클레시아 ἐκκλησία)라는 단어는 복음서에서 마태복음에만 언급되고 있다(16:18).

3) 내용 분해

① 마태의 두 분기점은 4장 17절과 16장 21절이다.

(4:17) "**이 때부터 예수께서** 비로소 전파하여 이르시되 회개하라 천국이 가까이 왔느니라 하시더라."

: 이때로부터 자신이 왕으로 이 땅에 오셨음을 선포하며 자신의 나라(하나님의 나라)를 선포하였다.

(16:21) "**이 때로부터 예수 그리스도께서** 자기가 예루살렘에 올라가 장로들과 대제사장들과 서기관들에게 많은 고난을 받고 죽임을 당하고 제삼일에 살아나야 할 것을 제자들에게 비로소 나타내시니."

: 이때로부터 앞으로 자신이 왕으로서 모든 고난을 담당하시고 수난을 당하실 것을 말씀하셨다.

② 마태복음은 세 부분으로 나눌 수 있다.

첫째, 1:1-4:16	예수의 공생애 사역 준비(서론)
둘째, 4:17-16:20	천국 복음의 전파(갈릴리 전도)
셋째, 16:21-28:20	예수의 수난사들로 구성되어 있다.

③ 마태복음은 다섯 부분으로 나눌 수 있다.

첫째, 1-2장	족보와 탄생
둘째, 3장-4:16	공생애를 위한 준비
셋째, 4:17-13장	갈릴리 사역
넷째, 14장-20장	갈릴리 사역을 정리하고 물러남
다섯째, 21장-28장	수난 주간

④ 마태복음은 7부분으로 나눌 수 있다.

첫째, 1-4장	왕의 족보
둘째, 5-7장	왕의 가르치심
셋째, 8-11장	왕의 권능
넷째, 12-15장	왕의 비유
다섯째, 16-19장	왕의 원리들
여섯째, 20-25장	왕의 예언
일곱째, 26-28장	왕의 수난

4. 마가복음

1) 기록 목적

60년대로 접어들면서 로마 황제 네로의 박해로 인하여 로마에 있는 그리스도 교회가 심한 박해를 받게 되었을 때 많은 그리스도인들이 믿음을 지키며 순교하였다. 이러한 때에 마가는 로마의 교인들을 격려하고, 가르쳐서 올바른 신앙을 되찾아 구원의 길에서 벗어나지 않게 하려는 생각으로 복음서를 기록하였다.

2) 기록자와 기록 연대

4복음서 중에서 가장 짧은 책인 마가복음은 마가에 의해 기록되었고, 가장 먼저 쓰였는데 65년경 로마에서 기록된 것으로 보인다.

3) 몇 가지 특징들

① 이 복음서는 교훈보다 행동이 강조되어 '행동의 복음서'라고 불린다.

따라서 예수의 말씀보다 행하심이 강조되었기에 산상보훈과 같은 설교는 기록되어 있지 않다. 시작도 예수의 탄생 기사는 생략하고 복음 전파로 곧장 들어가고 있다.

② 예수를 수난의 종으로 묘사하고 있다.

일명 '종의 복음'(10:45)이라고 불리는 마가복음은 종의 즉각적인 순종을 표시하는 '곧(straightway)'이라는 말이 40번 이상 사용되었다. 이렇게 마가는 예수를 수난의 종으로 소개하면서 고난의 길을 걸어가는 로마 교인들이야말로 예수를 따라 종의 길을 충성스럽게 걸어가고 있다고 격려한다. 그리고 십자가를 지고 예수를 따르는 것이 종의 길을 걸어가신 예수를 따르는 당연한 종의 삶이라는 것을 가르치고 있다.

> (8:34) "무리와 제자들을 불러 이르시되 누구든지 나를 따라오려거든 자기를 부인하고 자기 십자가를 지고 나를 따를 것이니라."
> (10:45) "인자가 온 것은 섬김을 받으려 함이 아니라 도리어 섬기려 하고 자기 목숨을 많은 사람의 대속물로 주려 함이니라."

③ 다른 복음서와 달리 현재동사를 약 150회 쓰고 있다.

이것은 마가가 당시 로마의 현 상황을 생각하면서 복음서를 썼다는 것을 보여준다. 마가는 로마 교인들을 격려하고 그들에게 예수 그리스도의 복음을 통한 영적 새 힘을 주기 위해 복음서를 기록했다.

(4:3) "시험하는 자가 예수께 나아와서 이르되 네가 만일 하나님의 아들이어든 명하여 이 돌들로 떡덩이가 되게 하라."

(25:8) "미련한 자들이 슬기있는 자들에게 이르되 우리 등불이 꺼져가니 너희 기름을 좀 나눠달라 하거늘."

④ 사건의 시간적 배열을 선호

마가복음은 다른 복음서와는 달리 대체적으로 예수의 행적을 시간적으로 배열하고 있다. 예를 들어 마태복음은 예수의 설교와 비유를 중심으로 주제별로 배열함으로 시간적인 혼란이 보이지만 마가복음은 대체적으로 이런 혼란을 배제하고 있다. 그럼에도 마가복음 역시 예수의 생애를 연속적인 사건으로 제공하지 않고 몇 개의 사건들을 모아 기록하고 있다. 이것이 다른 복음서가 필요한 이유이기도 할 것이다.

4) 내용 분해

① 총 16장으로 구성되어 있으며, 크게는 갈릴리 전도(1-9장)와 예수의 고난 장(10-16장)으로 구성되어 있다. 앞에서 말한 대로 예수의 탄생 기사, 족보, 유년 시절에 대한 기록은 전혀 없으며, 구약이 16회 인용되었다. 마가복음은 수난 기록, 곧 고난의 메시야에 대해 일관성 있게 기록하고 있다.

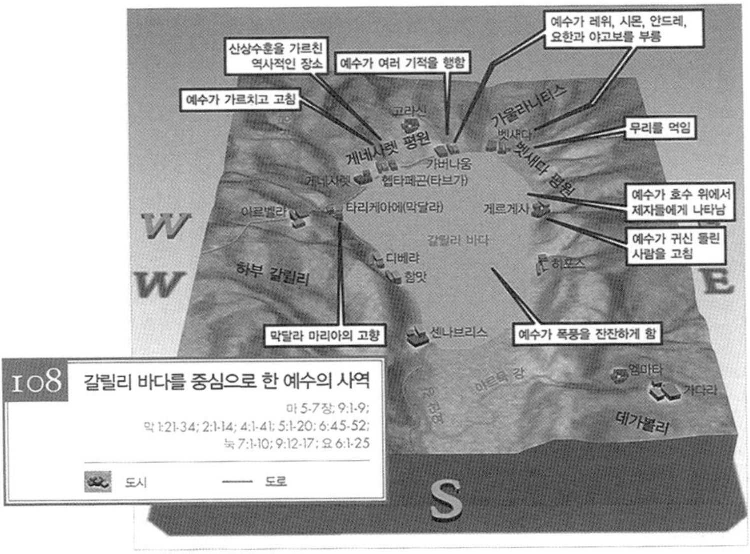

[그림] 갈릴리 바다를 중심으로 한 예수의 사역[8)]

② 공생애 사역을 위한 준비(1:1-13)

갈릴리 전도(1:14-9:50)

- 갈릴리 해변 사역(1:14-5:43), 여행 전도(6:1-9:50)

유대 전도(10:1-13:37)

수난과 부활(14:1-16:20)

③ 종의 능력(1-3), 종의 연민(4-7), 종의 교훈(8-10), 종의 표적(11-13), 종의 고난(14-16)

---

8) http://m.blog.daum.net/young-san/12199467?tp_nil_a=1

5. 누가복음

1) 기록자

헬라인 의사이자 바울의 동료였던 '누가'이다. 누가는 신약성경 기록자 중 유일한 이방인이었고, 헬라어를 방언으로 사용하는 지역(수리아[9] 안디옥) 출신이었다(사도행전 1:19). 본서는 사도행전과 함께 2부작으로 기록되었으며 사도행전보다 먼저인 60-63년경에 기록된 것으로 추정된다.

누가복음의 수신자는 데오빌로(Theophilus)[10]라는 사람으로 한정되어 있다. 하지만 이러한 방식은 당시의 관행이었다. 누가는 데오빌로라는 사람에게 한정하였지만 자신의 서신을 많은 이방인들이 보게 될 것을 생각하며 기록했다고 볼 수 있다.

2) 기록 목적

(1) 로마 정부와의 선교적 대립을 완화하기 위해

누가는 바울과 함께 많은 고생을 겪으며 선교에 동참한 사람으로 기독교가 빠르게 온 세상에 전파되기를 바라고 있었기에, 어떻게 해서든 로마 정부에서 박해와 간섭과 적대시하는 일을 당하지 않고 순조롭게 전파되기를 고대하였다. 따라서 그는 기독교가 로마 정부에 대해 결코 손해를 끼치거나 백성들의 생활에 조금이라도 피해를 주는 잘못된

9) 수리아는 헬라식 명칭으로 오늘날의 시리아 지역이다.

10) 그에게 '각하'라는 호칭이 붙은 것으로 보아 기독교로 개종한 로마의 고위 관리로 추정된다(누가복음 1:3; 사도행전 1:1).

종교가 아니라는 사실을 밝혀, 기독교 선교에 어려움이 없게 하려는 생각으로 본서를 기록했다.

(2) 예수에 관한 역사적 지식을 제대로 전하기 위해

70년경이 넘어가면서 누가 시대에는 예수의 목격자들이 점점 줄어가고 있었다. 이러한 때에 기독교가 헬라문화와 부딪히면서 예수의 신성만을 강조하고 인성과 역사성은 소홀히 하며 심지어 부정하려는 움직임도 있었다. 헬라의 이원론적 사고로는 참 하나님이시며 참 사람인 예수를 이해하기 어려웠다. 그래서 누가는 예수를 하나님의 아들이심을 강조하면서도 역사적인 인물로 밝히려고 한 것이다.

예를 들면, 로마 황제 아구스도가 호적령을 내릴 때, 즉 구레뇨가 시리아 총독으로 있을 때 요셉과 마리아가 베들레헴으로 갔다는 이야기(2:1, 2), "그 때에 가이사 아구스도가 영을 내려 천하로 다 호적하라 하였으니 이 호적은 구레뇨가 시리아 총독이 되었을 때 처음 한 것이라"와 같은 역사적인 명칭과 사실들을 나열하고 있다.

(3) 재림의 지연에 대한 목회적 답변

당시는 네로 황제의 집권 시기였기 때문에 기독교를 향한 많은 핍박이 있던 시대였다. 이러한 시기에 대망(待望)하던 예수는 재림하시지 않고, 그로 인하여 교회는 점점 신앙적으로 방황하게 되고, 의심과 낙심이 교차되던 매우 어려운 시기였다.

이런 상황에서 누가는 그리스도인들과 이방인들에게 예수의 사건은 끝난 것이 아니라 예수께서 보내어 주신 성령을 통하여 계속되고 있으며, 이 성령은 예수가 다시 오시는 그날까지 교회와 성도들을 지킬 것이라는 사실을 사도행전으로 이어가며 설명하고 있다. 또한 교회는 이미 예루살렘과 유대를 넘어 온 세상으로 퍼져가고 있으며, 이 모든 일들을 배후에서 성령이 계획하시고, 역사하시고 있다는 사실을 말하려고 하였다.

3) 몇 가지 특징들

① 약자와 가난한 사람들에 많은 관심을 나타냄으로 '인자'로서의 예수 모습을 강조하고 있다.

* 사회 낙오자 / 삭개오, 강도, 탕자, 세리, 사마리아인 등
* 여자들 / 나인성 과부, 부도덕한 여자(17:36), 십자가를 따르던 여인들, 마르다 ·마리아 자매 등 무려 13명 언급

② 누가의 직업이 의사이기에 자연히 의학용어와 환자, 질병에 관한 기록들이 많이 나타나고 있다

③ 이스라엘의 예수가 아니라 온 인류의 예수로 묘사하기 위하여 예수의 탄생과 사건들을 세계사적 맥락에서 기록하였다(2:1-2).

④ 마태의 족보는 아브라함에서 시작되는 하향식이지만, 누가의 족보는 아담까지 소급하는 상향식 족보로 참 사람의 후손으로 오신 예수를 강조하고 있다(3:23-28).

4) 내용 분해

① 크게는 여섯 부분으로 나뉜다.

서언(1:1-4), 유년시대(1:5-2:52)

공적 사역 준비(3:1-4:13), 갈릴리 전도(4:14-9:50)

예루살렘을 향한 길(9:51-19:27), 수난과 부활(19:28-24:53)

② 인자로서 예수는 여덟 부분으로 구분할 수 있다.

인자의 어린시절(1-2), 인자의 친구들(3-6)

인자의 도전(7-9), 인자의 행위(10-12)

인자의 비유(13-15), 인자의 권고(16-18)

인자를 찬양(19-21), 인자의 고난(22-24)

③ 가장 긴 복음서이며 책의 내용 중 삼분의 일은 누가복음에만 기록된 독특한 내용이다.

*세례 요한 탄생 예고: 1:5-25

*예수 탄생 예고: 1:26-38

*마리아와 엘리사벳: 1:39-45

*예수의 탄생: 2:1-7

*목자들의 경배와 천사들: 2:8-20

*할례를 받으러 예루살렘에 올라가심, 안나와 시므온: 2:21-40

*12세 때 성전에서: 2:41-52

*세례 요한의 출현: 3:1-2

*예수의 족보(이는 마태복음 족보와 다름): 3:23-37

*베드로의 부름 받음(깊은 데로 가서 그물을 던지라): 5:5-11

*나인성 과부의 아들을 살리심: 7:11-17

*70인 제자의 파송과 보고: 10:1-20

*선한 사마리아인 비유: 10:29-37

*예수님을 대접한 마르다와 마리아: 10:38-42

*밤중에 떡을 빌리는 벗: 11:5-8

*참된 복: 11:27-28

*어리석은 부자의 비유: 12:13-21

*진실한 청지기: 12:41-48

*회개 촉구(실로암 망대가 무너진 이야기): 13:1-5

*무화과 나무 비유: 13:6-9

*잃은 동전의 비유: 15:8-10

*탕자의 비유: 15:11-32

*불의한 청지기의 비유: 16:1-13

*부자와 나사로: 16:19-31

*고침받은 문둥병자 열사람: 17:11-19

*불의한 재판관과 과부: 18:1-8

*바리새인과 세리의 기도: 18:9-14

*삭개오: 19:1-10

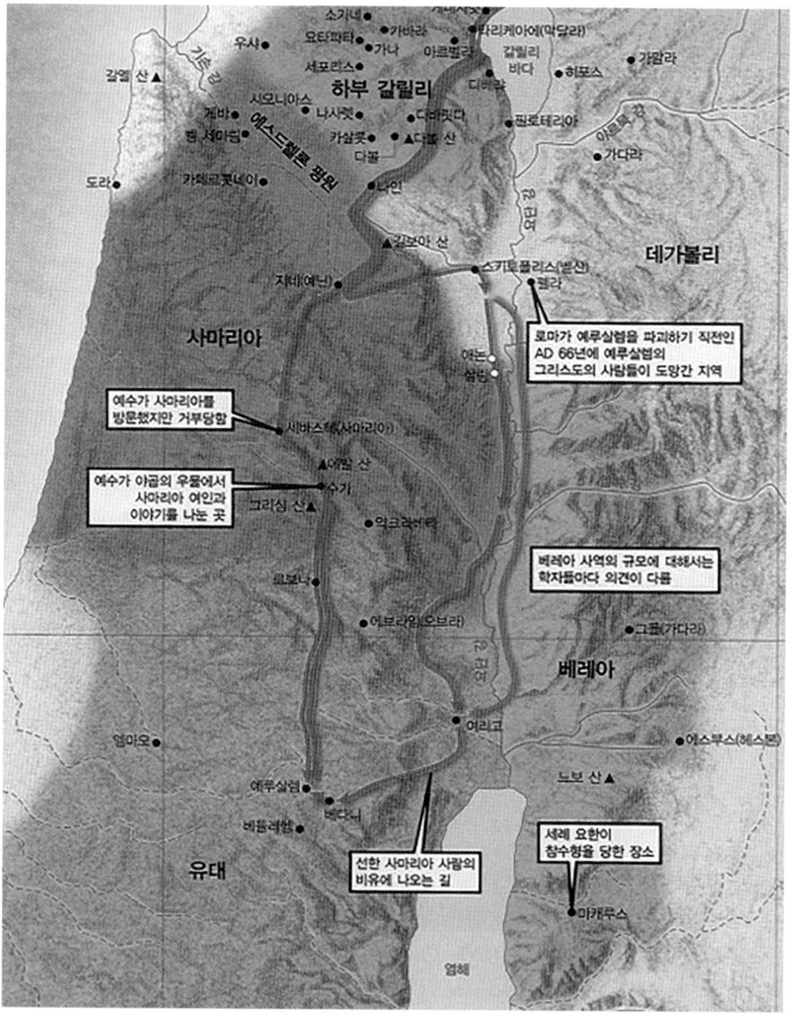

[그림] 갈릴리에서 유대까지 예수의 여정[11)]

11) http://victoriachurch.cafe24.com

제8장

요한복음과 사도행전

1. 요한복음

요한복음 내용은 3권의 복음서인 공관복음서(共觀福音書)들과 내용이 10% 정도만 일치한다. 공관복음서가 예수 행적에 초점을 맞춘 반면에, 요한복음서는 예수의 영적인 부분, 곧 신성을 강조한 책이다.

1) 기록자

세베대의 아들이자 야고보의 형제이며, 우뢰의 아들로 알려진 예수의 제자 요한이다. 본서에 저자 이름이 기록되지 않았지만 이름 대신 '사랑하시는 제자'로 표현된 호칭은 요한이 자신을 그렇게 부른 것으로 본다. 기록 시기는 80년에서 90년 사이로 본다.

(13:23) “예수의 제자 중 하나 곧 그가 사랑하시는 자가 예수의 품에 의지하여 누웠는지라.”

(19:26) “예수께서 자기의 어머니와 사랑하시는 제자가 곁에 서 있는 것을 보시고 자기 어머니께 말씀하시되 여자여 보소서 아들이니이다 하시고,”

(21:7) “예수께서 사랑하시는 그 제자가 베드로에게 이르되 주님이시라 하니 시몬 베드로가 벗고 있다가 주님이라 하는 말을 듣고 겉옷을 두른 후에 바다로 뛰어 내리더라.”

2) 기록 목적

요한은 20장 30절과 31절에서 요한복음을 기록한 목적을 말하고 있다.[1] 그가 말하는 첫 번째 기록 목적은 비기독교인들을 설득하여 구원받을 만한 믿음을 갖게 하는 것이다. 둘째는 성도들의 믿음을 분명하게 하고 올바른 복음을 더욱 활발하게 전하기 위함이었다.

당시 교회에는 세례 요한을 존경하고 심지어 예수보다 더 높이려는 시도를 하는 사람들이 있었다. 따라서 요한은 예수와 세례 요한과의 관계를 밝히고, 그에 관한 올바른 지식을 제공함으로 성도들의 믿음을 분명하게 하려고 하였다. 또한 예수가 단지 사람으로 보였을 뿐이라는 가현설(假現說, docetism)[2]과, 영은 선하고 육은 악하다는 영지주의

1) (20:30, 31) “예수께서 제자들 앞에서 이 책에 기록되지 아니한 다른 표적도 많이 행하셨으나 오직 이것을 기록함은 너희로 예수께서 하나님의 아들 그리스도이심을 믿게 하려 함이요 또 너희로 믿고 그 이름을 힘입어 생명을 얻게 하려 함이니라.”

2) 신이면서 실제로 인간의 육신을 입으셨던(성육신[成肉身]이라고 한다) 예수께서 실제로 시, 공간적 한계에 묶인 육체와 인간성을 가지신 것이 아니라 단지 환영(幻影, 실제하지 않는 것이 실제처럼 보이는 일종의 환각 현상)처럼 유령의 몸을 갖고 이 땅에 임하셨다고 가르치는 이단 사상을 말한다. 주로 당시 영지주의자와 같은 이들이 주장하던 내용이다.

(靈智主義, Gnosticism)[3]가 교회 안에 들어와 있었기에 이런 잘못된 신앙으로부터 교회를 지키려는 요한의 노력이 기록 목적이다.

3) 몇 가지 특징들

(1) 예수의 선재설(先在說, pre-existentianism)[4]을 말하고 있다.

요한복음 기자는 예수의 탄생 기사를 생략하고 하나님으로서의 선재설을 주장하였다. 또한 예수는 참 사람이 되셨음을 밝힘으로 가현설을 주장하는 사람들을 일축하고 있다. (1:14) “말씀이 육신이 되어 우리 가운데 거하시매 우리가 그의 영광을 보니 아버지의 독생자의 영광이요 은혜와 진리가 충만하더라.”

(2) 예수님의 신성이 강조되었다. 그래서 이적이나 표적이 많이 나타나고 있다.

요한복음에만 나오는 특이한 이적 사건들이 있다. 물로 포도주를 만든 사건(2:1-11), 38년 된 병자를 고친 사건(5:1-16), 나면서 소경된 자를 고친 사건(9:1-41), 나사로를 살리신 사건(11:1-45) 등과 같은 것들이다. 이러한 표적들은 예수가 하나님이심을 증거하고 있다. 물로 포도주를 만든 가나 혼인 잔치의 기적은 예수가 창조주 하나님이심을 보여주는 사건이다. 그리고 38년 된 병자를 고치신 사건과 나면서 소경 된 자를

---

3) 1세기 중엽에 나타나 2-3세기 동안 세력을 가지다가 4세기경 마니교에 흡수되었다. 특히 2세기에서 3세기 초에는 로마제국 내 수많은 그리스도인들이 이 사상의 영향을 받아 교회가 어려움을 겪기도 하였다. 이러한 영지주의는 각종 종교와 철학이 가미된 일종의 혼합 철학 사상이다.

4) 예수가 하나님으로서 성육신(成肉身) 이전부터 존재하였다는 교리이다.

고치신 사건은 예수 자신이 인간을 창조하신 하나님이심을 말하고 있다. 그리고 나사로를 살리신 사건은 예수 자신이 생명의 주인이심을 말하고 있다.

이러한 표적은 당시 그리스도인들을 핍박하던 유대인들을 향한 예수님의 신성에 관한 증거들이기도 하다. 예를 들면 가나 혼인 잔치는 율법 종교를 복음의 종교로, 죽은 종교를 산 종교로 바꾸실 수 있음을 말하는 것이다. 그리고 38년 된 병자나 소경 된 자를 고치신 사건은 말씀대로 걷지 못하고 올바로 보지 못하는 영적 병자인 바리새인들을 비롯한 유대 지도자들을 제대로 걷게 하고 보게 할 수 있는 복음의 주를 말한다. 그리고 나사로를 살리신 사건은 예수 그리스도를 통해서만 참된 생명을 얻을 수 있다는 것을 말하고 있다. 요한은 표적을 통하여 예수님 자신이 복음이시고, 하나님의 말씀이시며 진정한 창조주 하나님, 생명의 주인이심을 말하고자 하였다.

(3) 공관복음에는 비유가 많으나 요한복음에는 은유적 표현이 많다.

"나는 ~~~ 이다"라는 식의 표현이 많다. 이는 하나님으로서의 예수를 설명하려는 요한의 의도가 담겨져 있다고 할 것이다. 예를 들면 "나는 생명의 떡이다"(6:35, 51), "나는 세상의 빛이다"(8:12; 9:5), "나는 문이다"(10:7, 9), "나는 선한 목자다"(10:11, 14), "나는 부활이요 생명이다"(11:25), "나는 길이요 진리요 생명이다"(14:6), "나는 참 포도나무다"(15:5) 등과 같은 일곱 가지 자기 선언이 있다.

(4) 세례 요한 숭배를 배격하고 있다.

앞에서 말한 대로 당시 교회 안에는 세례 요한을 특별히 여기는 사람들이 있었다. 심지어는 요단의 계곡이나 광야, 산골 등지에서 세례 요한을 기억하면서 은둔 생활을 하는 사람들도 있었다. 따라서 요한은 본서를 통하여 예수의 증거자로서 세례 요한의 정체에 관하여 분명하게 밝히고 있다.

(1:8) "그는 이 빛이 아니요 이 빛에 대하여 증언하러 온 자라."
(1:15) "요한이 그에 대하여 증언하여 외쳐 이르되 내가 전에 말하기를 내 뒤에 오시는 이가 나보다 앞선 것은 나보다 먼저 계심이라 한 것이 이 사람을 가리킴이라 하니라."
(1:20) "요한이 드러내어 말하고 숨기지 아니하니 드러내어 하는 말이 나는 그리스도가 아니라 한 대."
(3:30) "그는 흥하여야 하겠고 나는 쇠하여야 하리라 하니라."

(5) 권위주의와 형식주의를 배격하고 있다.

① 요한은 세례와 성찬에 대해 언급하지 않는다.
이것은 당시 교회들이 신앙적 형식주의에 물들어 있었기 때문이라고 보인다. 따라서 요한은 형식적인 제도들 대신 생명 되신 예수 그리스도를 믿고 성령 세례를 받는 것이 교회의 형식들보다 더 소중하다는 것을 말하고 있다.

② 공관복음은 제자들의 활동상과 그 권위들에 대해 기록하고 있다.
하지만 요한복음은 침묵하고 있다. 그 이유는 당시 교회들이 사도들의 권위를 너무 앞세우고 있었기 때문으로 보인다.

③ 성령을 부각시키고 있다.

당시 신앙의 환경이 형식주의, 권위주의, 제도주의로 빠져 가는 것을 느낀 저자가 성령을 강조하는 글을 쓴 것으로 보인다. 요한은 성도들이 죽은 형식이나 제도에 집착하지 말고 살아 있는 성령의 인도에 자신을 맡길 수 있기를 바라고 있다.

(3:3, 5) "[3] 예수께서 대답하여 이르시되 진실로 진실로 네게 이르노니 사람이 거듭나지 아니하면 하나님의 나라를 볼 수 없느니라 [5] 예수께서 대답하시되 진실로 진실로 네게 이르노니 사람이 물과 성령으로 나지 아니하면 하나님의 나라에 들어갈 수 없느니라."

(14:16, 17) "[16] 내가 아버지께 구하겠으니 그가 또 다른 보혜사를 너희에게 주사 영원토록 너희와 함께 있게 하리니 [17] 그는 진리의 영이라 세상은 능히 그를 받지 못하나니 이는 그를 보지도 못하고 알지도 못함이라 그러나 너희는 그를 아나니 그는 너희와 함께 거하심이요 또 너희 속에 계시겠음이라."

(20:22) "이 말씀을 하시고 그들을 향하사 숨을 내쉬며 이르시되 성령을 받으라."

(14:26) "보혜사 곧 아버지께서 내 이름으로 보내실 성령 그가 너희에게 모든 것을 가르치고 내가 너희에게 말한 모든 것을 생각나게 하리라."

(16:13) "그러나 진리의 성령이 오시면 그가 너희를 모든 진리 가운데로 인도하시리니 그가 스스로 말하지 않고 오직 들은 것을 말하며 장래 일을 너희에게 알리시리라."

(6) 사랑이 강조되고 있다.

요한복음은 성경 66권 중 요한일서 다음으로 사랑이라는 단어를 많이 사용한 책이다. 요한은 믿음이란 결국 서로 사랑하는 것임을 말하고 있다. 공관복음서에는 첫 번째 계명이 하나님을 사랑하고, 두 번째 계명은 이웃을 사랑하는 것이라고 말하지만 요한은 하나님이 주신 새 계명은 서로 사랑하는 것이라고 말하고 있다(13:34, 35; 15:12, 17). 환난과 핍박이 많은 악한 세상에서 승리할 수 있는 길은 교회가 서로 사랑하는 것임을 요한이 가르쳐 주고 있는 것이다.

(13:34) "새 계명을 너희에게 주노니 서로 사랑하라 내가 너희를 사랑한 것 같이 너희도 서로 사랑하라."
(13:35) "너희가 서로 사랑하면 이로써 모든 사람이 너희가 내 제자인 줄 알리라."
(15:12) "내 계명은 곧 내가 너희를 사랑한 것 같이 너희도 서로 사랑하라 하는 이것이니라."

4) 내용 분해

표적 편(1-12장)과 수난 편(13-21장)으로 나뉠 수 있다.

서언(1:1-18)

예수님의 사역(1:19-12:50)

- 예수님의 초기 유대 사역 (1:19-4:45)
- 예수님의 갈릴리 사역 (4:46-7:9)
- 예수님의 후기 유대 사역 (7:10-10:39)

예수님의 베뢰아 사역 (10:40-12:50)

제자들을 위한 사역(13:1-17:26)

최후의 만찬 (13:1-30)

고별 강화 (13:31-16:33)

제자들을 위한 중보기도 (17:1-26)

예수님의 고난과 부활 (18:1-20:31)

예수님의 잡히심 (18:1-19:16)

예수님의 죽으심 (19:17-19:42)

예수님의 부활과 영생 (20:1-31)

후기(21:1-25)

2. 사도행전

신약성경 중에서 유일한 역사서로 초대 그리스도 교회의 성립과 조직, 발전상을 묘사한 초기 교회사의 기원이라고 할 수 있다. 본서는 초대교회 이야기를 다루고 있는 서신서 배경이 되는 책으로 복음서와 서신서 사이의 가교 역할을 하고 있다.

1) 기록자

기록자는 헬라인으로서 의사(골로새서 4:14) 직업을 가지고 바울의 2차 전도여행부터 바울과 동행한 순회 전도자 누가이다(디모데후서 4:11; 빌레몬서 24장). 누가는 예수의 복음에 관한 역사를 2부로 기록했는데, 제1부인 누가복음에서는 예수의 출생에서 지상 사역과 승천까지 기록하였고, 제2부인 사도행전에서는 예수의 승천 이후 벌어진 교회의 탄생과 확장, 그리고 세계선교 운동 등을 기록하였다. 사도행전의 기록 시기는 누가복음과 동일한 61-62년경으로 본다.

2) 몇 가지 특징들

(1) 사도행전과 교회

① 처음교회의 모습

사도행전은 처음 교회(초대교회) 모습을 통하여 우리에게 참 교회 모습에 대해 말하고 있다. 그리스도의 보혈과 제자들의 순종으로 세워지는 교회, 복음 전도와 구제에 힘을 다하는 교회, 성령강림 사건 이후 성령이 충만하고, 사랑이 충만하며, 말씀이 충만한 교회, 그리고 주 안에서 유무상통하는 교회, 이런 처음 교회 모습들을 보여줌으로 오늘날 교회가 어떤 모습을 가져야 할 것인가를 제시하고 있다.

② 교회를 세우시는 하나님

교회는 하나님의 몸이기에 하나님이 세우시고 지키시며 만들어 가심을 보여 준다.

㉠ 예루살렘 교회 초창기에 베드로가 감옥에 갇혔을 때 옥문을 열어 주신 역사(5:19).

㉡ 가사로 내려가는 길에 구스 내시를 만나도록 빌립을 파송하시고 구스지방에 교회를 세우신 사건(8:26).

㉢ 안디옥 교회로 하여금 세계 선교를 하도록 명하신 일(13:2).

㉣ 아시아에서 말씀 전하는 일을 막아 마게도니아로 발길을 옮기게 하신 성

령의 역사(16:6).

ⓜ 드로아에서 바울의 설교를 듣다가 삼층에서 떨어져 죽은 유두고를 살려 주심으로써 위기를 모면케 하신 하나님(20:11).

ⓗ 예루살렘에서 체포되어 곤경에 빠진 바울을 격려하시며 목표를 제시하신 일(23:11).

③ 설교가 많다.

베드로의 설교가 4편(2:14-41; 3:12-26; 10:34-43; 15:7-11)이고, 바울의 설교가 6편(13:14-43; 17:22-31; 20:17-38; 22:1-22; 24:10-21; 26:1-24), 야고보의 설교 1편(15:13-21), 스데반의 설교 1편(7:2-53) 등 12편의 설교가 있다. 이렇게 사도행전은 교회가 말씀이 중심이 되어야 하고, 하나님은 말씀으로 교회를 세워 가신다는 것을 보여 준다.

④ 사도행전은 복음의 중심으로 예루살렘 교회와 안디옥 교회를 언급하고 있다. 그리고 이 일의 배후로 베드로(1-12장)와 바울(13-28장)을 등장시키고 있다. 이것은 교회가 선교 중심이 되어야 하고, 하나님께서 선교를 위해 교회를 사용하고 계심을 증거하는 것이다.

⑤ 사도행전에서 복음은 곳곳에서 거센 저항에 부딪히게 된다. 하지만 교회는 더욱더 부흥하는 것을 볼 수 있다. 바울은 제1차 전도여행 중에 더베, 루스드라, 이고니온, 안디옥 등 교회를 지나오면서 성도들에게 믿음을 굳게 지킬 것을 당부하며 말하기를, “우리가 하나님의 나라에 들어가려면 많은 환난을 겪어야 할 것이다”(14:22)라고 가르쳤다. 사도행전의 메시지는 세상에는 환난이 많으나 결국에는 교회가 승리하게 됨을 말하고, 역설적으로 교회는 환난을 통하여 더욱더 부흥해 간

다는 것을 말하고 있다.

⑥ 사도행전에 나타난 교회 확장의 과정

예루살렘 교회	(1:1-6:7)
교회가 팔레스틴 전역으로 확장	(6:8-9:31)
교회가 안디옥까지 확장	(9:32-12:24)
교회가 소아시아까지 확장	(12:25-16:5)
교회가 유럽에까지 확장	(16:6-19:2)
교회가 로마에까지 확장	(19:21-28:31)

(2) 사도행전과 선교

① 1장 8절에 있는 선교의 지상 명령이 교회와 제자들을 통하여 이루어져 가는 선교 역사를 기록한 책이다. 사도행전은 복음이 예루살렘에만 머물지 않고 세계를 향하여 전파되어야 하는 것임을 밝히고 있다. 그리고 그 일이 하나님의 위대한 구원 계획임을 밝히고 있다. 따라서 오늘날 교회도 복음의 지경(地境)을 넓혀갈 필요가 있다.

② 성령이란 용어가 특별히 많이 사용되었다(50회 이상 사용됨). 이렇게 성령의 역사가 강조되어(1:8; 2:4; 5:3; 9:3; 13:2; 16:6-7) 때로는 '성령행전'이라고도 불린다. 이러한 강조는 성령의 강림과 선교가 결코 다른 주제가 아니라 하나의 주제라는 것을 보여준다. 선교의 역사는 성령의 강림으로부터 시작되었고, 성령의 역사가 선교 역사임을 말하고 있다.

3) 내용 분해

(1) 지리적 분해

세 단계로 구분이 되는데, 예루살렘에서의 활동(1:6-8:1), 온 유다와 사마리아에서의 활동(8:2-11:18), 땅 끝까지의 활동(11:19-28:31) 등으로 구분된다. 누가는 예수님의 약속(1:8)이 문자 그대로 성취되는 것을 보여주려고 했다. 이러한 전개의 분기점에는 한 사람이 있었다. 그는 예루살렘 교회의 집사 스데반이었다. 사마리아로 복음이 번져가게 된 것은 스데반의 죽음 때문이었고(8:4), 사마리아에서 베니게, 구브로, 안디옥 등 이방의 땅으로 복음이 퍼져간 것도 스데반의 일로 흩어진 사람들에 의한 것(11:9)이었다. 한 사람의 헌신이 이렇게 놀라운 복음의 결과를 가져온 것이다.

(2) 인물 중심의 분해

누가는 사도들 중심이 아니라 성령의 활동을 중심으로 역사를 전개해 나간다. 그래서 성령에 사로잡힌 인물들 위주로 기록되어 있다. 크게는 두 인물을 중심으로 전개되는 데 2장에서 12장까지는 베드로, 13장에서 28장까지는 바울을 중심으로 기록되었다.

(3) 바울의 전도 중심의 분해

① 교회의 생성과 부흥(1-7장)
복음 전파의 첫 단계는 예루살렘 전도였다. 성령의 임재 후에 제자

들이 복음을 전파하여 예루살렘에 첫 교회가 세워지고 6장 7절에서 말하는 대로 교회와 말씀이 점점 왕성해져 갔다.

② 교회의 핍박과 증가(8-12장)

두 번째 단계는 유대와 사마리아 전도였다. 하나님의 말씀이 예루살렘을 넘어 온 유대와 사마리아 전역에 퍼졌다. 이때에 스데반이 순교하였고, 빌립이 전도자로 나섰다. 이제 복음과 선교는 사도들만의 것이 아니라 모든 성도들의 것이 되었다. 이러한 복음 전파는 이방인의 전도로 이어져 로마 백부장인 고넬료에게도 전파되었고, 스데반의 핍박으로 흩어진 사람들이 안디옥에까지 가서 본격적인 이방인 전도시대가 열리게 되었다(12:24).

③ 1차 전도 여행(13-15장)

세 번째 단계는 세계선교의 준비 단계이다. 안디옥 교회가 세계 선교의 거점이 되었고, 바울은 안디옥을 중심으로 세 차례 세계 선교여행을 떠나게 된다. 선교 과정 중에서 기존의 유대인 성도들과의 갈등 문제로 예루살렘에서 공의회가 열리기도 했다.[5]

④ 2차 전도 여행(16-18장)

네 번째 단계는 복음이 유럽까지 이르는 단계이다. 바울은 2차 선교여행을 통해 빌립보, 데살로니가, 아덴, 고린도 등 유럽 각 지역에 복음을 전했으며, 소아시아의 에베소 지역에도 복음을 전했다. 2차 선교여행을 통해 방문했던 지역들은 후에 바울 서신의 배경이 된다.

---

5) 이러한 갈등은 할례와 율법에 관한 것이었다. 교회로 들어오는 이방인 교인들에게는 유대인들의 할례와 율법이 무거운 짐이 되었다. 바울은 육신의 할례보다 마음의 할례가 더 중요하다고 주장하였다(15:1-21).

⑤ 3차 전도 여행(19-20장)

바울은 3차 전도여행 중 에베소 지역에서 3년을 지내면서 아시아 지역의 교회들을 돌아보게 된다. 그리고 마게도냐와 아가야, 그리스 지역을 돌아보고 예루살렘 교회로 가서 체포되었다.

⑥ 바울의 체포와 재판(21-26)

바울은 예루살렘에서 자신을 기다리고 있는 환난의 정체를 알고 있었지만 예루살렘으로 가서 체포되어 로마로 압송이 되었다. 이러한 바울의 걸음은 로마에 가서 복음을 전하기 위한 결단이었고 하나님의 의도에 순종한 결과였다.

⑦ 바울의 로마 여행(27-28장)

바울은 로마의 감옥에 갇힌 형편이었으나 할 수 있는 대로 담대하게 하나님 나라를 전파함으로 예루살렘에서 시작된 복음이 결국 제국의 중심인 로마에까지 이르게 되었다. 로마는 당시 로마제국 하에서 땅끝이었다.[6)]

6) 이렇게 전파된 복음이 열매를 맺어 380년경 로마의 데오도시우스 황제 때에 기독교가 로마의 국교가 된다.

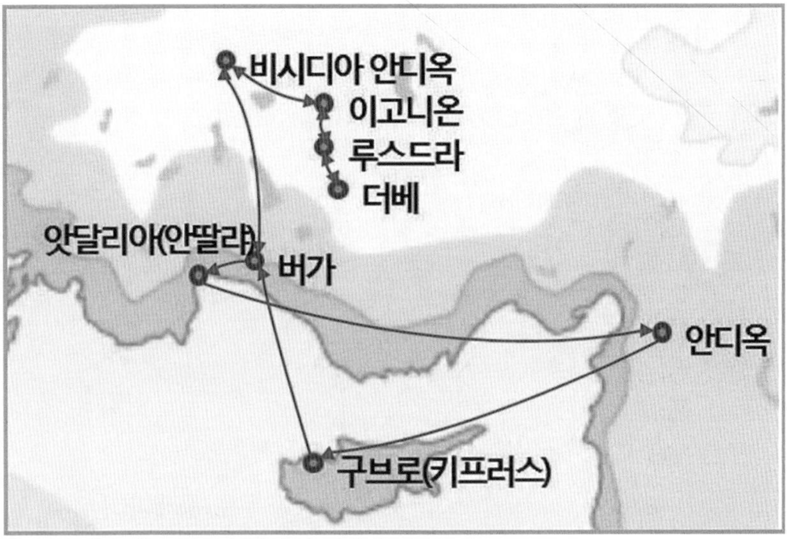

[그림] 바울의 제1차 전도여행

[그림] 바울의 제2차 전도여행

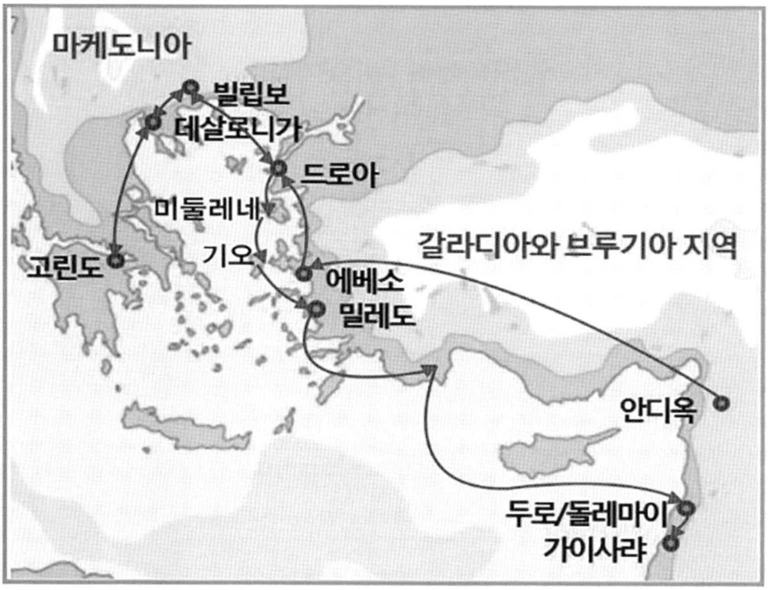

[그림] 바울의 제3차 전도여행

[그림] 바울의 제4차 전도여행 및 로마행[7)]

7) 바울은 3차에 걸쳐서 선교여행을 하고 마지막 4차 선교여행은 죄인으로 결박되어 로마로 가는 행로였다. 하지만 그 또한 바울에게는 로마에 복음을 전하기 위한 순교를 각오한 마지막 전도여행이었다.
http://blog.naver.com/PostView.nhn?blogId=supax&logNo=220133308898&parentCategoryNo=&categoryNo=74&viewDate=&isShowPopularPosts=true&from=search

제9장

바울서신-1

1. 개요

신약성경 27권 중에서 바울서신은 13권이다. 이만큼 바울은 왕성한 저술가였고, 초대교회의 중요한 인물이었다. 13권의 바울서신은 기독교의 근본 교리를 잘 설명해주며, 복음서의 해설책이라고 할 수 있다.

2. 사도 바울

바울의 본래 이름은 '사울'이다(사도행전 8:1; 9:1; 13:9).[1] 그는 다소

1) 그리스도교로 개종한 유대인들은 흔히 두 가지 이름을 사용했다. 하나는 태어날 때 지은 히브리식 이름이었고, 또 하나는 개종자들끼리 사용하는 헬라식 이름이었다. 바울의 가족과 지인들은 그를 히브리식 본명인 사울로 불렀을 것이고, 다른 사람들은 헬라식 이름인 바울로 불렀을 것이다.

(현 타루수스, Tarsus)[2]에서 태어났고, 베냐민 지파에 속했다(사도행전 9:11; 빌립보서 3:5; 로마서 11:1). 바울은 바리새인으로(빌립보서 3:5), 가말리엘[3] 문하에서 율법의 엄격한 교육을 받았다(사도행전 22:3). 본래 바울은 하나님을 믿는 일에 열심이었으며 기독교인들을 핍박하여 믿는 남녀를 결박하여 옥에 넘기고 죽이기도 하였다(사도행전 22:3-4). 그는 공문을 받아 예수 믿는 사람들을 잡기 위해 다메섹[4]으로 가던 중 부활하신 예수를 만나 그리스도인이 되었다(사도행전 9:1-9).

그는 스스로 이방인들과 임금들과 이스라엘 백성들에게 그리스도를 전하기 위해서 사도로 세움을 받았다고 하였다(사도행전 9:15). 그는 13권의 서신들을 작성한 것 외에도 세 차례 전도여행을 통하여 아시아와 유럽에 많은 교회를 세우고 돌보는 일을 하였다.

3. 기록 목적

바울의 서신들은 전도 여행을 하는 중에 각 교회들에게 전달할 소식을 서신으로 기록한 것이다. 이러한 서신은 단지 개인 서신에 그치지 않고 교회들마다 중요한 문서로 여겨 돌아가면서 읽고 묵상하며 교회가 안고 있는 문제들을 해결하는 데 사용하기도 했다. 서신들 속에는 교회에 관한 설명을 시작으로 교인으로서의 삶과 신앙에 관한 구체적인 설명이 들어 있다. 서신이기에 각 서신에는 발신자와 수신자들이 있

---

2) 사도 바울의 고향으로 소아시아 남부 길리기아 주의 수도였다(사도행전 22:3). 터키 아다나에서 서쪽으로 약 40km 떨어진 타루수스 지방이 과거의 다소였다. 현재는 인구 약 8만 명 정도의 소도시이다.

3) 헬라문학을 전공한 유대의 율법학자요 공회원으로 바울의 스승이었다. 그는 사도들을 심문하는 공회석상에서 청중들을 설득하기도 하였다(사도행전 5:33-40).

4) 현재 시리아의 수도인 다마스커스(Damascus)이다.

고, 인사말도 있으며, 서신을 쓰게 된 구체적인 목적이 기술되어 있다.

4. 구분

바울의 서신들은 크게 네 부분으로 나눌 수 있다. 첫째는 최초의 바울의 서신이며 50년경에 기록된 데살로니가전·후서이다. 둘째는 복음서신이라고도 불리는 삼대 서신인 고린도전·후서, 갈라디아서, 로마서이고, 셋째는 바울이 로마 감옥에 갇혀 있을 때 기록한 옥중서신인 골로새서, 에베소서, 빌레몬서와 빌립보서가 있고, 넷째는 바울이 순교하기 직전에 기록한 목회적 서신인 디모데전·후서와 디도서가 있다.

5. 로마서

1) 기록 연대와 목적

로마서는 바울이 제3차 전도여행을 마칠 무렵 마게도니아[5]와 아가야[6] 지방의 헌금을 모아 고린도[7]에서 3개월간 체류하면서 기록하였다

5) 그리스 반도 북쪽지방의 빌립보, 데살로니가, 베뢰아 등이 위치해 있는 전체 지역를 말한다.

6) 로마제국 때의 식민지로 고린도와 아덴과 겐그레아를 포함하는 그리스 남부지역을 말한다.

7) 아가야 주(州)의 수도이며 항구도시였다. 하지만 과거 고린도 시는 두 번의 지진(521년, 1858년)으로 파괴되고, 북동쪽 약 5Km 지점에 새롭게 코린토스(Kórinthos) 시가 세워졌다.

(사도행전 20:3-6). 본서는 겐그레아 교회[8]의 뵈뵈[9]를 통하여 로마교회에 전달되었다(사도행전 16:1-2).

본서를 기록한 목적은 스페인 선교 계획과 관련하여 앞으로 있게 될 로마교회 방문을 준비하기 위해서였다(1:10-12; 15:22-29). 또한 사도들에게 직접 체계적인 가르침을 받은 적이 없는 로마교회에 하나님의 구원에 대한 기본 구조를 설명하기 위함이었다.

2) 특징들

(1) 구원의 도리를 밝혀 놓은 책이다.

바울은 로마의 교인들, 즉 유대인들은 물론이고 이방인들에게 구원의 도리를 올바르게 가르쳐 주려고 하였다.

(2) 믿음을 통한 칭의(稱義, justification)[10]

바울은 구원을 하나님의 의의 관점에서 설명한다. 유대인이나 이방인 모두 스스로의 힘으로는 구원의 자리에 설 수 없고, 하나님의 의를 통해서만 가능하다는 것이다. 왜냐하면 유대인이나 이방인 모두 하나님 앞에서 완전한 죄인이요, 저주를 받은 자들이기 때문이다(1:18-3:20; 6:23). 그래서 바울은 처음부터 유대인이나 이방인이나 누구든지 오직 믿음으로만 구원받는다고 선포하고 있다.

---

8) 고린도에서 동쪽으로 11.2km에 위치한 항구 이름이며, 현재 지명은 그리스의 케흐리에스(Kehries)이다.

9) 로마서 16장에서만 언급되는 인물이다. 그는 겐그레아 교회의 주요 인물이었다.

10) '의롭다고 간주하다'라는 뜻으로 구원의 한 과정이다. 예수 그리스도를 믿는 사람을 의롭다고 선언하시는 하나님의 행위를 가리키는 말이다(로마서 3:24). 칼빈은 죄인이 의인으로 인정받아 하나님의 사랑 속에 받아들여지는 것이라고 말하고 있다. Calvin, John. Institutes of the Christian Religion, III. 16. 1.

(1:16-17) "[16] 내가 복음을 부끄러워하지 아니하노니 이 복음은 모든 믿는 자에게 구원을 주시는 하나님의 능력이 됨이라 먼저는 유대인에게요 그리고 헬라인에게로다 [17] 복음에는 하나님의 의가 나타나서 믿음으로 믿음에 이르게 하나니 기록된 바 오직 의인은 믿음으로 말미암아 살리라 함과 같으니라."

(3) 율법에 대한 변증

유대인들은 율법을 가진 것은 자기 민족만의 특권이라고 여겼다. 하지만 바울은 율법을 가진 것이 특권이 아니며 성령을 따라 살아야 한다고 주장한다. 그래서 로마서 8장에서 성령을 따라 행하는 것이 율법의 요구를 성취하는 것이라고 말하고 있다. 이전에 하나님의 율법으로 유대인과 이방인을 구별하던 것이 이제는 하나님의 성령으로 바뀐 것이다. 그래서 유대인이나 이방인도 하나님의 성령 안에서는 능히 하나가 될 수 있는 것이다.

(4) 성도의 궁극적 구원

8장에서 바울은 성령으로 말미암는 성도의 궁극적 구원에 대해 말하고 있다. 하지만 문제가 되는 것은 이스라엘 백성들의 경우에 "과연 그들이 하나님의 구원을 받았는가?"라는 것이다. 그러면 하나님의 구원 계획에도 가끔 차질이 생길 수 있다는 논리가 되는 것이다. 그래서 바울은 9장 이하에서 이 부분을 집중해서 설명하고 있다. 바울의 논리는 이스라엘 전체가 멸망한 것이 아니라 하나님이 남겨 두신 무리가 있었듯이 항상 남은 자(the remnant)가 하나님의 은혜의 증표임을 말하고 있다. 결국 세상은 이스라엘의 남은 자들로 구원을 받은 것이 되는 것이다. 오늘 우리도 하나님 앞에서 남은 자로 선택받아 남은 자의 사명을 다해야 할 것이다.

(11:1), "그러므로 내가 말하노니 하나님이 자기 백성을 버리셨느냐 그럴 수 없느니라 나도 이스라엘인이요 아브라함의 씨에서 난 자요 베냐민 지파라." (11:11, 12), "[11] 그러므로 내가 말하노니 그들이 넘어지기까지 실족하였느냐 그럴 수 없느니라 그들이 넘어짐으로 구원이 이방인에게 이르러 이스라엘로 시기나게 함이니라 [12] 그들의 넘어짐이 세상의 풍성함이 되며 그들의 실패가 이방인의 풍성함이 되거든 하물며 그들의 충만함이리요."

3) 내용 분해

인사 및 로마서의 주제	1:1-17
칭의와 성화(聖化, sanctification)[11]에 대한 교리 해설	1:18-8:39
이스라엘의 역사와 장래 문제	9:1-11:36
그리스도인의 생활 헌장과 기독교 윤리	12:1-15:13
맺는말과 인사	15:14-16:27

6. 고린도전서

1) 기록 연대와 목적

고린도전서는 바울이 제3차 전도여행 중 에베소[12]에서 약 3년간 머물면서(사도행전 20:31) 복음을 전파하였는데, 3년째 되는 해인 55년에서 56년경에 기록(고린도전서 16:5-9)한 것으로 보인다.

바울이 고린도전서를 기록한 목적은 세 가지인데, 첫째는 고린도 교

11) 죄 사함을 얻고 구원받은 인간이 하나님의 거룩한 성품을 닮아가는 과정을 말한다.

12) 이오니아 주(州)의 수도로 아데미 우상의 큰 신전이 있었고, 일찍부터 유대인의 회당이 있었던 곳이다. 현재 터키 이즈미르에서 약 50Km정도 떨어진 곳이다.

회가 바울의 편지를 오해하여 그것을 바로 잡기 위해서였고,[13] 둘째는 고린도 교회 안에 있는 문제들을 바로 잡기 위해서였고, 셋째는 고린도 교회의 질문들에 답하기 위함이었다.

2) 특징들

고린도전서에는 여러 그리스도인의 실제 생활에 필요한 교훈과 권면이 들어 있다. 바울은 고린도 교회 문제들을 열거하면서 이 문제들을 신학적으로 해결하려고 노력했다.

(1) 파당 문제

교회 안에 바울파, 아볼로[14]파, 게바[15]파 등의 파당 문제가 있음을 지적하고 하나님 중심이 아니라 자기 중심의 잘못된 일임을 지적하고 있다(1:11-13).

(2) 부도덕 문제

바울은 교회 안에 권징(勸懲, discipline)[16]이 필요함을 말하고(5:9-13), 성적으로 부도덕한 사람들을 책망하고 있다. 이것은 당시 고린도의

---

13) 바울은 고린도전서를 쓰기 전에 "음행하는 자들과 사귀지 말라"는 내용의 편지를 보낸 적이 있었다(고린도전서 5:9). 그런데 고린도 교회 교인들이 편지를 잘못 이해하여 문제를 일으켰다. 그래서 바울은 이에 대한 오해를 풀고(고린도전서 5:9-13), 고린도 교회의 분쟁(고린도전서 1:11-12)을 해결하려고 했다.

14) 아볼로는 알렉산드리아 출신의 유대인 학자이며, 세례 요한의 제자이기도 했다. 브리스길라와 아굴라에게 복음을 배웠다. 그는 후에 아가야 지방에서 복음을 전했는데 그 결과 아가야 지방에 있었던 고린도 교회에 영향을 미쳤을 것으로 여겨진다.

15) 베드로를 일컫는 말로 베드로는 헬라식 이름이고, 게바는 예수님 당시 갈릴리 지방에서 쓰던 아람어이다. 모두 반석이라는 뜻을 가지고 있다.

16) 교회가 교회법으로 행하는 치리, 징계 등을 말한다.

타락한 상황과 무관하지 않다. 바울은 몸은 음란을 위하지 않고 하나님만을 위하여 존재해야 함을 밝히고 있다(6:13).

(3) 결혼 문제

고린도 교인들 중에는 독신을 영적 결혼이라는 명목으로 포장하며 고상하게 여기는 면이 있었다. 바울은 이에 대해 설명하면서(7:1-40), 신자의 몸은 하나님의 성전이기에 거룩하게 구별할 필요가 있는데 결혼은 그 하나의 수단이 됨을 말하고 있다.

(4) 음식과 우상문제

고린도 교회에는 우상에게 바친 고기에 대한 어려운 문제가 있었다. 이것은 이교 제단의 잔치에 참석하는 문제만이 아니라(8:10; 10:14-20), 시장에서 파는 고기를 먹는 문제도 포함되어 있었다(10:25). 이 문제에 관하여 바울은 모든 것이 하나님으로부터 나오고 하나님에게로 돌아간다고 말한다(8:6). 모든 것이 하나님께 속해 있음을 말하는 것이다. 바울은 또한 우리를 구원하는 것은 오직 예수 그리스도라는 것을 분명히 밝히고 있다.

(5) 성찬과 예배

바울은 성찬을 단순하게 잔치로 생각하는 이들에게 성찬이란 그리스도의 몸에 참여하는 것임을 가르치고 있다. 그리고 예배에서도 질서를 문란하게 해서는 안 되며, 성도의 부활을 주님의 부활과 관련지어 설명하고 있다.

3) 내용 분해

인사	1:1-9
'글로에[17]의 집'의 보고에 대한 답변	1:10-6:20
편지의 질문에 대한 답변	7:1-16:9
결론적인 인사	16:10-24

7. 고린도후서

1) 기록 연대와 목적

고린도후서는 고린도전서를 기록한 같은 해 겨울이 가기 전에 기록된 것으로 보인다(55년에서 56년경). 기록 목적은 고린도전서에서 고린도 교회의 악행을 심하게 책망했음에도 회개하지 않자 디도의 보고를 참고하여 이 사태를 해결하기 위해 기록하였다. 그리고 거짓 교사들이 등장하여 바울의 사도권을 공개적으로 도전하자 고린도 교인들의 오해를 풀기 위한 것이었다.

2) 특징들

다른 서신서들보다 바울의 자서전적인 내용들이 많다.

---

17) 에베소에 머물던 바울에게 고린도 교회의 분쟁을 알려준 고린도 교회 여 성도이다(고린도전서 1:11). 그녀는 고린도에서 바다를 건너 에베소까지 다녀야 할 정도로 재력과 사업처를 가지고 있었던 것으로 보인다.

(1) 바울의 사도권

바울은 본서에서 사도권에 대해 변증하면서 자신의 사도권에 복종할 것을 요구하고 있다. 바울은 본서에서 자신의 사도적 고난의 역사도 제시하고 있다(4:8-10; 6:4-10; 11:33; 12:10). 그리고 유일하게 삼층천(三層天)[18]에 올라갔던 체험도 함께 기록하였다(12:2-4).

(2) 복음과 삶

바울은 '우리는 살아 계신 하나님의 성전이라'고 말하고 있다. 이것은 성도가 성전과 같은 거룩한 백성이 되었음을 말하는것이다. 그래서 복음 안에서의 거룩한 생활을 고린도 교인들에게 요구하면서 의와 불의의 분리를 강조하였다(6:14-18).

(3) 헌금

바울은 8장과 9장에서 헌금에 대해 오래 논하고 있다. 헌금은 그리스도의 복음에 대한 은혜로운 반응이고, 하나님께 영광 돌릴 기회가 되며(9:13), 구속해주신 하나님께 대한 감사의 표시이며, 봉사의 표라고 말하고 있다.

(4) 바울의 겸손과 사도직

바울의 겸손한 모습에 대해 고린도 교회 교인들은 때로 이것을 약점으로 지적하였다(10:1, 10). 하지만 바울은 주님께서 일하시는 원리이고, 이 원리대로 살기 위해 힘쓴 것을 말하고 있다(13:4).

---

18) 유대인들은 하늘이 층으로 되어 있다고 생각하했다. 눈에 보이는 하늘과 물을 머금고 있는 하늘, 그리고 하나님의 보좌가 있는 하늘이다. 바울은 자신이 하나님의 보좌가 있는 천국에 다녀온 것을 말하고 있다.

3) 내용 분해

인사	1:1-2
바울의 개인적인 관심사	1:3-2:13
복음의 영향과 그 사역	2:14-6:10
분리와 화목에 대한 호소	6:11-7:16
예루살렘 교회를 위한 구제 헌금	8:1-9:15
사도직의 권위에 대한 변호	10:1-13:10
맺는 말	13:11-13

8. 갈라디아서

1) 기록 연대와 목적

갈라디아서는 바울의 제3차 전도여행 기간 중인 57년 경에 에베소, 또는 마게도냐 지방에서 기록한 것으로 보인다.[19] 기록 목적은 유대주의자들이 율법주의로 회귀(回歸)하려는 간계(奸計)를 쓰자 이에 대해 변론하고 오직 믿음으로 구원받는다는 것을 강조하기 위함었다.

2) 특징들

갈라디아서는 작은 로마서라고 할 정도로 로마서에 버금가는 교리 서신으로 율법과 믿음의 관계를 명쾌하게 설명하고 있다.

---

19) 갈라디아서의 기록 연대에 대해서는 여러 가지 설이 있다.

(1) 사도적 변호의 책

내용의 3분의 1을 바울 자신의 사도권(使徒權)에 대한 변호에 사용하고 있다. 갈라디아서는 바울 서신의 일반적 표현인 감사의 인사를 찾아볼 수 없다. 그 대신 사도권에 대한 변호로 서신을 시작한다. 바울은 자신의 사도권이 회복되면 갈라디아 교회 문제는 해결될 것으로 생각하였다. 그렇기 때문에 사도권에 대해 길게 변호를 한 것이다.

(2) 율법과 믿음의 관계

유대인들은 그리스도를 믿어도 할례(割禮, circumcision)[20]를 받고 율법을 준수해야 한다고 지적하였다. 하지만 바울은 죄를 깨닫게 하는 율법의 기능은 초등교사에 지나지 않고(3:23), 오직 그리스도를 믿음으로 의롭게 된다고 말하고 있다. 그러나 율법으로부터의 자유가 신앙의 방종이나 도덕의 폐기를 의미하는 것은 아니다. 그래서 바울은 자유로 육체의 기회를 삼지 말고 오직 사랑으로 서로 종노릇 할 것을 명하고 있다(5:13).

3) 내용 분해

머리말	1:1-5
개인적인 변호와 복음의 기원	1:6-2:21
복음의 본질	3:1-4:31
실제적 교훈	5:1-6:16
맺는 말	6:17-18

20) 하나님과 아브라함 사이의 언약에서 시작되었다. 유대인들은 남자 아이가 태어난 지 8일 만에 하나님의 백성이라는 증표로 몸에 외과 수술적인 의식을 거행하였다.

9. 에베소서

1) 기록 연대와 목적

에베소서는 옥중서신으로 바울이 제3차 전도여행을 마치고 죄수의 몸으로 로마에 도착하여 62년경 옥중에서 기록된 것으로 보인다.[21]

기록 목적은 에베소에서 3년간 목회하면서 자신이 세운 에베소 교회에 남다른 애정을 가지고 있던 바울이 에베소와 아시아 교회들에게 전하고 싶은 이야기를 위해 기록하였다. 특히 에베소의 특성상 이방인과 유대인들이 섞여 살면서 항상 분열의 위험이 있었기 때문에 하나가 될 것을 강조하기 위함이었다.

2) 특징

에베소서는 '교회를 위한 서신'이라고 할 수 있다. 다른 서신들과는 달리 교회를 향한 하나님의 계획이 잘 설명되어 있다. 바울은 교회 비밀을 그리스도의 몸으로 설명하고 있다.

(1) 그리스도의 십자가를 통한 하나 됨

바울은 죄 사함이 오직 그리스도의 십자가 사역으로 이루어짐을 밝히고 있다(1:7; 2:13, 16). 따라서 십자가의 사역 안에서는 유대인과 이방인이 하나 되는 것이다. 이것이 교회의 비밀이다(2:18, 3:6).

---

21) 옥중서신은 빌립보서를 마지막으로 대부분 62년에 저술된 것으로 보인다.

(2) 부활과 영화(榮華, glorification)[22]

그리스도 안에서 거듭난 사람들은 그리스도 안에서 한 몸을 이루게 되고, 그리스도는 그 몸의 머리가 되시며(1:22), 또한 그리스도의 장성한 분량까지 이르게 된다(4:13). 에베소서는 영화에 관하여 가장 잘 설명하고 있는데 그리스도와 함께 산 자는 그리스도와 함께 하늘에 앉게 될 것을 말하고 있다(2:5,6)

(3) 성령과 교회

바울은 성령이 성도들의 기도를 도우며(6:18), 교회를 연합하게 하고, 교회가 자라도록 성도들에게 다양한 은사(恩賜, spiritual gift)[23]를 주기도 한다고 말한다. 성령은 교회를 세우는 영이다.

(4) 본 서신과 골로새서의 관계

에베소서의 절반은 골로새서와 비슷한 표현으로 되어 있다. 하지만 골로새서는 그리스도의 존엄함과 그리스도께서 교회의 머리 되심에 더 강조하는 반면, 에베소서는 그리스도의 지체된 교회의 장엄함을 더욱 강조하고 있다. 에베소서는 교회의 영광을 드러내는 서신이다. 어떤 면에서 이 서신은 바울서신의 서론 격이라고 해도 과언이 아닐 것이다.

---

22) 구속의 마지막 단계로 하나님의 형상으로 변화되어 하나님의 보좌에 이르는 것을 말한다.

23) 하나님께서 하나님을 믿고 하나님을 증거하며 살게 하기 위하여 값없이 주시는 선물을 가리킨다. 최고의 은사는 예수 그리스도이다. 바울은 더욱 큰 은사를 사모하라고 하였는데, 그 은사는 사랑이다(고린도전서 12:31).

3) 내용 분해

인사	1:1-2
영적인 축복	1:3-23
교회와 그 사명	2:1-3:21
윤리적 교훈	4:1-6:20
마지막 인사	6:21-24

[그림] 초대교회 당시의 지도[24)]

24) http://blog.naver.com/PostView.nhn?blogId=nhs9323&logNo=220774344571&parentCategoryNo=299&categoryNo=&viewDate=&isShowPopularPosts=true&from=search

제10장

바울서신-2

10. 빌립보서

1) 기록 연대와 목적

에베소서와 마찬가지로 바울이 제3차 전도여행을 마치고 죄수의 몸으로 로마의 옥중에 있을 때 집필된 것으로 본다(1:13). 기록 목적은 투옥된 자신에게 사랑의 선물을 전해준 빌립보 교인들에게 감사의 인사를 하기 위함이었다. 또한 빌립보 교회의 분열 조짐에 대하여 한마음으로 연합하여 신앙으로 승리할 것을 격려하기 위해서다. 그리고 유대주의(율법주의)의 폐해를 설명하고 복음에 충실할 것을 권고하기 위한 목적도 가지고 있다.

2) 빌립보 교회

바울 사도가 유럽에서 첫 번째로 설립한 교회이다. 여자 성도인 루디아[1]로부터 시작된 교회는 점을 치는 귀신이 들렸다가 고침 받은 여종, 빌립보 감옥의 간수 등이 처음 교인들이 되었다. 그 외에도 에바브로디도[2], 유오디아, 순두게와 글레멘트[3] 등의 교인들이 있었는데, 대부분 헬라식 이름을 사용하고 있다. 이것으로 보아 이방인들이 주류를 이루는 교회였음을 알 수 있다.

3) 특징들

(1) 기쁨의 편지

빌립보서는 바울 사도가 로마 감옥에서 빌립보 교인들로부터 받은 선물에 감사를 담은 편지이다(4:15, 18).[4] 빌립보 교회는 바울이 가장 사랑하고 아끼던 교회 중 하나였다. 따라서 본 서신에는 빌립보 교회를 향한 사도 바울의 깊은 애정이 담겨 있다. 바울은 빌립보 교인들에게 기뻐하라고 격려하면서, 자신도 감옥에서 하나님으로 인하여 기뻐할 수 있음을 말하고 있다. 인생의 참된 기쁨은 환경이 아니라 하나님을

1) 두아디라 성의 자주장사(사도행전 16:14) 출신으로 마게도냐 최초의 교인이자 빌립보 교회 최초 교인이다(사도행전 16:14, 15).

2) 로마 감옥에 투옥되어 있던 바울에게 선물을 가지고 가도록 파견된 사람이었다(2:25; 4:18). 그는 병에 걸릴 정도로 헌신적으로 바울을 돌보았다.

3) (4:2,3) "[2] 내가 유오디아를 권하고 순두게를 권하노니 주 안에서 같은 마음을 품으라 [3] 또 참으로 나와 멍에를 같이한 네게 구하노니 복음에 나와 함께 힘쓰던 저 여인들을 돕고 또한 글레멘드와 그 외에 나의 동역자들을 도우라 그 이름들이 생명책에 있느니라."

4) 빌립보 교인들은 바울의 투옥 소식을 듣고 바울을 섬길 자로 에바브로디도를 파송함과 동시에 필요한 물건들을 보내었다.

믿는 믿음에서 나오는 것임을 전하고 있다(2:18; 3:1; 4:4).

(2) 위로와 격려의 편지

빌립보서는 빌립보 교회를 향한 바울의 깊은 애정을 담은 편지이다. 따라서 환난 중에도 신앙을 잘 지킬 것을 권면하고 하나님께서 모든 것을 이루실 것에 대한 확신을 심어주고 있다.

> (1:6) "너희 안에서 착한 일을 시작하신 이가 그리스도 예수의 날까지 이루실 줄을 우리는 확신하노라."
> (4:13) "내게 능력 주시는 자 안에서 내가 모든 것을 할 수 있느니라."

(3) 하늘 시민권과 땅 위의 권위

빌립보 지역에는 로마의 황제를 숭배하는 풍습이 있었다(1:28).[5] 자연히 그리스도인은 하늘의 권위와 땅의 권위를 두고 충돌할 수밖에 없었다. 바울은 빌립보 교인들에게 하늘 시민권을 이야기하면서 때로 고난이 있다고 할지라도 하늘의 권위를 포기하지 말 것을 권면하고 있다.

> (3:20-21) "그러나 우리의 시민권은 하늘에 있는지라 거기로부터 구원하는 자 곧 주 예수 그리스도를 기다리노니 그는 만물을 자기에게 복종하게 하실 수 있는 자의 역사로 우리의 낮은 몸을 자기 영광의 몸의 형체와 같이 변하게 하시리라."

---

5) 황제 숭배 사상 전파는 가이사 아구스도(Augustus, B.C. 63년-A.D. 14년)로부터 시작되었다. 로마 황제들은 왕권 강화를 목적으로 점령지 백성들에게 황제를 신처럼 숭배할 것을 강요했다.

(4) 유대주의자들을 향한 경고

빌립보 교회는 유대주의자들의 출현으로 어려움을 겪고 있었다. 이들은 유대의 율법을 따라 육체의 할례를 받아야 하고 율법도 지켜야 한다고 주장했다(3:1-3). 바울은 이러한 유대주의자들을 행악하는 자들이라 경계하였고, 미혹되지 않도록 주의할 것을 당부하고 있다. 또한 유대인의 특권보다 그리스도인으로서의 특권이 더 귀함을 말하고 있다.

> (3:8-9) "또한 모든 것을 해로 여김은 내 주 그리스도 예수를 아는 지식이 가장 고상하기 때문이라 내가 그를 위하여 모든 것을 잃어버리고 배설물로 여김은 그리스도를 얻고 그 안에서 발견되려 함이니 내가 가진 의는 율법에서 난 것이 아니요 오직 그리스도를 믿음으로 말미암은 것이니 곧 믿음으로 하나님께로부터 난 의라."

4) 내용 분해

인사와 감사의 기도	1:1-11
바울과 감옥	1:12-26
빌립보 교인들을 위한 권면	1:27-2:18
디모데[6]와 에바브로디도	2:19-30
사도의 경고	3:1-21
마지막 권면과 인사	4:1-20
사도의 감사와 인사	4:21-23

6) 바울의 제자로 그와 함께 복음을 위해 충성한 목회자였다. 그의 어머니 유니게와 외조모 로이스로부터 어릴 때부터 신앙교육을 잘 받았다(사도행전 16:1, 디모데후서 1:5; 3:15). 그는 바울의 후임으로 에베소에서 사역하였다(디모데전서 1:3).

11. 골로새서

1) 기록 연대와 목적

기록 연대는 옥중서신과 동일하게 바울의 1차 투옥 때 기록된 것으로 보인다. 목적은 골로새 교회에 들어온 혼합 종교적인 이단들을 반박하기 위함이며, 그리스도인의 실제적인 삶에 대하여 올바른 권면을 하기 위해 기록하였다.

2) 골로새 교회와 바울

골로새 지역은 에베소에서 약 160Km 정도 떨어진 내륙에 위치하고 있었으며,[7] 가까운 곳에 라오디게아 교회가 위치해 있다.

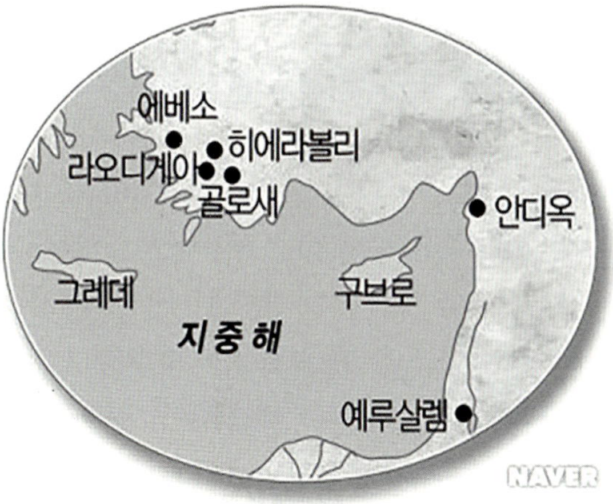

[그림] 골로새 주변지역[8]

---

7) 골로새는 현재 터키의 호나스(Honas) 지방인데 사람이 거의 살지 않는다. 아직 발굴되지 않아 잡초가 무성하다.

8) https://terms.naver.com/entry.nhn?docId=2391720&cid=50762&categoryId=51387

기독교가 이곳에 전파된 것은 에바브라[9]에 의해서다. 골로새 출신이었던 그가 골로새인들에게 복음을 전하였다(1:6-7). 확실한 기록은 없지만 바울 사도가 에베소에서 사역할 때 바울의 전도로 신자가 된 에바브라를 골로새 지방으로 파송했을 가능성이 있다. 바울 사도는 자신이 방문하지 못한 골로새 교회를 위해(1:4; 2:1) 이 서신을 기록하였다.

3) 특징들

(1) 그리스도의 우월성

바울은 골로새 교회에 만연되어 있는 잘못된 철학, 유대적 의식주의, 천사숭배의 신비주의, 금욕주의 등과 같은 것들을 불식시키기 위해 그리스도의 탁월성에 대해 이야기하면서(1, 2장) 다른 사상은 필요가 없고 오직 그리스도에게 순종할 것을 권고하고 있다(3, 4장).

바울은 성도는 머리되신 그리스도와 함께 살아난 자로서 땅에 속한 육신의 욕망을 죽이고(3:5), 옛 사람을 벗어 버리고 새 사람으로 살아가야 함을 가르치고 있다.

(2) 형식주의의 배격

그리스도를 부인하지는 않지만 교회의 머리되시는 그리스도의 권리(주권, 主權)[10]를 인정하지 않으려는 형식주의가 교회 안에 있었다. 이러한 형식주의는 어느 이단보다 더 위험한 것이었다. 바울은 외형적으

9) 골로새 교회를 세운 인물(1:7)로 라오디게아와 히에라볼리에도 복음을 전하였다(4:13).

10) 그리스도는 하나님으로서 만물의 주인이시다. 그리고 하나님은 섭리(攝理, providence)로 세상을 다스리시는데, 그 섭리는 과거, 현재, 미래의 모든 사건들을 포함한다.

로 그리스도인처럼 위장하는 잘못된 형식주의 문제를 극복하는데 많은 부분을 할애하고 있다(3:1-4:6)

4) 내용 분해

머리말	1:1-14
탁월하신 그리스도	1:15-29
이단 사상의 경고	2:1-23
새로운 삶의 표준	3:1-4:6
맺는 말	4:7-18

12. 데살로니가전서

1) 기록 연대와 목적

바울이 2차 전도여행 중인 51-53년 사이에 고린도에서 기록하였다(사도행전 16-17장). 디모데가 데살로니가[11] 교회 소식을 가져왔을 때 그에 대한 답신으로 기록한 것이었다. 데살로니가전서의 기록 목적은 먼저 데살로니가 교회[12]의 칭찬받을 만한 믿음을 격려하기 위함이었다. 그리고 자신이 오래 목회하지 못한 데살로니가 교인들의 신앙생활에 관한 내용들을 권면하기 위해서였다.[13] 더불어 예수의 재림 이전에 죽

11) 현재 데살로니가는 테살로니키(Thessaloníki) 시로서 아테네 다음으로 큰 그리스 제2의 도시이다. 인구는 약 35만 명에 이르고 있다.

12) 데살로니가 교회는 바울이 야손(Jason)의 집에서 시작한 가정교회였다. 비록 3주밖에 양육하지 못했지만 교인들은 그 후로 훌륭하게 신앙생활을 하였다. 하지만 몇몇 유대인 개종자들을 제외하고는 대부분 이방인들이었기에 신앙적으로 부족한 면들도 있었다.

13) 바울은 데살로니가에서 유대인들의 핍박으로 말미암아 3주 만에 빠져 나올 수밖에 없

은 신자들의 장래에 대해서도 설명하고 있다(4:13-18). 이것은 데살로니가 교인들이 예수가 재림할 때 생존해 있지 못하고 이미 죽은 자들의 구원 여부를 궁금해하고 있었기 때문이었다.

2) 데살로니가와 교회

데살로니가는 로마제국에 속한 마게도니아의 수도이며 동시에 동부로 향하는 로마의 도로가 있는 곳이기에 중요한 곳이었다. 이 도시는 물이 풍부한 평야로 둘러싸인 부요한 도시이며 마게도니아의 항구도시였다. 44년 이후 이곳은 로마제국의 해군 기지였고, 무역이 활발한 곳이었다. 바울은 제2차 전도여행 때 실라와 디모데와 함께 빌립보를 떠나 데살로니가에 이르렀다. 이곳에서 바울은 3주간(사도행전 17:2) 머물면서 전도하였다. 하지만 유대인들의 방해와 간섭으로 급히 이곳을 떠나야만 했다(사도행전 17:1-10). 고린도까지 온 바울은 데살로니가 교회 소식이 궁금했다. 그래서 디모데를 보내 데살로니가 형편을 살피게 하였고, 디모데가 돌아온 후에 데살로니가전서를 기록하여 전달한 것이다.

3) 특징들

(1) 가장 먼저 기록된 성경

데살로니가전서는 바울서신 중에서 가장 먼저 기록되었을 뿐 아니라 신약성경 중에서도 제일 먼저 기록되었다.

었다(사도행전 17:1-3). 그래서 바울은 데살로니가 교회 사정을 어느 곳보다 궁금하게 여겼다. 그런데 디모데를 통하여 데살로니가 교인들의 훌륭한 믿음생활을 듣고 난 후에 바울은 격려와 권면이 담긴 본 서신을 고린도에서 기록하여 보냈다.

(2) 감사와 격려

이 서신에서 바울은 데살로니가 교회의 발전과 아름답게 성장한 믿음의 모습을 칭찬하고 유대인들의 대적과 핍박에도 그들이 받은 말씀을 믿음으로 승화시켜 잘 간직하고 있는 교인들을 격려하고 있다.

(3) 잘못된 종말론에 대한 수정

예수님이 재림하기 전에 주위의 성도들이 죽어가자 주의 재림 때 먼저 죽은 자들이 어떻게 될 것인가에 관하여 의문을 갖게 되었다. 그래서 바울은 먼저 죽은 성도라 할지라도 재림 때는 모두 부활하여 주님의 재림을 맞이하게 되며, 나아가 죽은 자들이 산 자보다 먼저 주님을 만나게 될 것을 말하고 있다.

4) 내용 분해

바울의 인사	1:1
데살로니가 교회에 대한 칭찬	1:2-10
데살로니가 교회에 대한 바울의 사역	2:1-12
데살로니가 교회를 위한 바울의 염려	2:13-3:13
바울의 삶과 재림에 관한 권면	4:1-5:22
맺는 말	5:23-28

13. 데살로니가후서

1) 기록 연대와 목적

데살로니가후서는 전서를 가지고 갔던 동역자가 돌아온 후에 기록되었을 것으로 본다. 따라서 데살로니가전서와 약 5-6개월 정도의 차이가 난다. 기록 목적은 데살로니가전서를 쓸 당시 디모데로부터 들은 소식과 너무 다른 상황이 전개되는 것을 알고 이를 바로 잡기 위해서였다. 바울은 먼저 데살로니가 교인들이 핍박 중에도 믿음을 지키고 있음을 감사하고, 주의 재림에 들떠 있는 사람들을 진정시켜 일상생활로 복귀시키며, 거짓 교사들을 따르지 말고 사도들의 교훈을 따를 것을 권면하고 있다.

2) 특징들

(1) 주의 날에 관한 내용

사람들 중에 주의 재림이 이미 이르렀다거나 곧 지나갔다(2:2)는 말을 퍼뜨려 교회를 혼란시키는 자들이 있었다. 바울은 주의 날이 이르기 전에 먼저 배교가 있고(종말에는 많은 사람들이 복음을 떠날 것이다), 다음에 불법의 사람들(적그리스도와 같이 하나님을 대적하는 자)이 일어날 것이며 그 후에 주의 날이 이른다고 말하고 있다(2:3-4). 따라서 주의 날이 이르렀다는 주장은 잘못된 것임을 명백히 밝히고 있다.

(2) 흔들리지 말고 자기 일에 힘쓸 것을 당부하고 있다.

바울은 앞서 말한 것처럼 재림 전에 불법을 하는 사람들이 일어날 것이기 때문에 이러한 사람들의 잘못된 재림 이야기에 현혹되지 말 것을 당부하고 있다. 그리고 아직 주의 날이 이르지 않았기에 재림을 핑계로 자신의 직무에 소홀하지 말고 각자 맡은 일에 부지런하여 최선을 다하여 충실하게 살아갈 것을 권면하고 있다.

3) 내용 분해

감사와 격려	1:1-12
종말론적인 교훈	2:1-17
그리스도인의 생활에 대한 권면	3:1-16
맺는 말	3:17-18

14. 디모데전서

1) 목회서신에 관하여

사도 바울이 디모데에게 보낸 두 개의 편지와 디도서를 목회서신이라 부른다. 이렇게 부르는 이유는 목회 현장에 있는 동역자들에게 필요한 권면과 목회적 지침을 주고 있기 때문이다. 바울의 동역자요 제자들이었던 디모데와 디도는 특별한 공적 직함 없이 바울의 대리인으로 바울이 제2차 전도여행 때 세운 마게도니아, 고린도, 그리고 에베소와 그레데[14] 지역의 교회를 섬기며 사역하였다.

2) 디모데전서의 기록 연대와 목적

바울이 1차 로마 감옥에서 풀려난 후부터 다시 투옥될 때까지인 63년경으로 본다. 본서는 사도 바울의 뒤를 이어 에베소 교회에서 목회하고 있는 디모데에게 초대 교회 당시 이단이었던 영지주의[15]와 퇴폐적인 유대주의를 경계시키고, 교회 조직과 감독, 교인들을 향한 윤리적 권면, 이단에 대한 경계 등을 목적으로 기록되었다.

3) 특징들

(1) 이단들에 대한 경계

바울은 디모데에게 영지주의와 같은 이단들을 경계하고, 진리에서 떠나 거짓 교훈을 가르치는 사람들에 대해서는 단호할 것과 하나님께 받은 가르치는 영적인 은사를 잘 사용할 것을 당부하고 있다.

(2) 예배와 목회

공중기도의 중요성과 교회 내에서의 여자의 역할, 그리고 감독과 집

---

14) 지중해 연안 그리스의 동남쪽, 에게 해 정남쪽에 위치하고 있다. 그레데는 섬으로 길이 257Km, 폭 56Km로써 지중해의 큰 섬들 중 하나이다.

15) 초대교회 대표적인 이단이었던 영지주의(Gnosticism)는 헬라철학과 다른 이교들과 함께 기독교의 신앙을 가미한 혼합주의 사상이었다. 이들은 육체는 악하고 영혼을 선하다고 보았고, 예수의 인성과 신성을 부인하고, 극단적인 금욕주의와 쾌락주의를 주장하였다.

사의 자질과 임무 등, 직제(職制, Church Organization)와 교회 정치까지 자세하게 가르치고 있고, 특별히 목회자로서 물질에 대하여 모범이 될 것을 명하고 사랑으로 목회할 것을 당부하고 있다.

4) 내용 분해

인사	1:1-2
거짓 교사들에 대한 경고	1:3-20
예배에 대한 규정	2:1-15
교회의 직분	3:1-16
거짓 교리에 대한 경고와 디모데에 대한 권면	4:1-16
교회 안에 있는 상이한 회원들의 취급 문제	5:1-6:21

15. 디모데후서

1) 기록 연대와 목적

본서에는 바울의 2차 투옥 상황이 묘사되어 있는데, 2차 투옥은 66년경에서 67년 사이였다. 특히 겨울이 오기 전에 디모데가 돌아와 주기를 바라는 내용으로 보아 67년 가을 쯤으로 추정된다. 기록 목적은 바울이 자신의 최후를 앞두고 곁에 누가만 있었기에 사랑하는 제자 디모데를 보고 싶은 마음으로 기록했을 것으로 본다. 그래서 본서는 바울의 유언적인 성격이 강하다. 더불어 바울은 로마의 극심한 박해 중에도 교회를 굳건하게 세우기 위하여 기록하였다.

2) 특징들

(1) 사역자의 자세

바울은 1, 2장을 통하여 사역자의 자세에 대해 말하고 있다. 군사, 경기하는 자, 농부 등의 비유를 통하여 사역자는 복음을 위하여 온전히 헌신해야 하고 진리에 순종하는 삶을 살아야 하며 무엇보다 청년의 정욕을 피해야 함을 가르치고 있다.

(2) 닥쳐올 시험에 대한 대비

바울은 디모데에게 앞으로 나타날 이단과 거짓 가르침 등을 경계하면서 디모데 뿐만 아니라 온 교회가 말씀으로 경건의 능력을 가지고 무장하여 대처할 것을 강조하고 있다(3:1-17). 이어서 바울은 디모데에게 복음의 진리로 성도들을 가르치고 항상 말씀을 전하는 일을 게을리하지 말 것을 강조하며(4:1-5, 17), 묵묵히 믿음의 길을 걸어간 자신에게 주어질 상급을 소개하면서 디모데에게도 같은 길을 걸어갈 것을 교훈하고 있다(4:6-8, 18).

3) 내용분해

디모데를 위한 감사	1:1-5
디모데를 위한 권면	1:6-18
디모데의 사역	2:1-26
배교의 날	3:1-17
말씀을 전파하라	4:1-5
임박한 바울의 죽음	4:6-22

16. 디도서

1) 기록 연대와 목적

바울은 로마 1차 투옥(61-63년경)에서 풀려난 후 전도여행을 하면서 디도(Titus)[16]를 그레데에 남겨 두어 교회 문제를 돌아보게 하였다(1:5). 64년에서 65년경 전도여행을 하는 중에 디모데에게 첫 편지를 쓰던 시기에 고린도나 니고볼리[17]에서 기록되어 전달된 것으로 보인다.[18] 기록 목적은 그레데에서 목회하던 디도에게 목회적인 지침들, 즉 장로의 자격, 거짓 교사들에게 취할 자세, 남녀노소에게 적용될 신앙 윤리, 복음의 내용, 신자의 국가관, 이단에 대한 태도 등을 전달해 주고자 본서를 기록하였다.

2) 특징들

(1) 장로의 임명

바울은 장로들, 곧 직분자를 바르게 잘 세울 것에 관하여 말하고 있

---

16) 사도 바울이 전도하여 제자로 삼은 헬라인(갈라디아서 2:3; 디도서 1:4)이다. 그는 바울의 훌륭한 동역자로 그를 대신하여 고린도를 방문하여 교회 문제를 해결하기도 하였다(고린도후서 2:13; 7:13; 8:8, 16). 그는 그레데 교회 감독을 거쳐 달마디아(지금의 유고슬라비아)에서 복음을 전하였다(디모데후서 4:10).

17) 데살로니가의 반대 편에 위치한 항구도시이다. 로마 초대 황제인 옥타비아누스가 황제가 되기 전 안토니우스와 클레오파트라 연합군을 맞아 승리를 거두고 기념하여 건설한 도시이다. 바울은 선교여행 중 이곳에서 겨울을 보내며 니고볼리(Nicopolis) 주변의 선교를 위해 디도를 불렀다(3:12).

18) 브루스 B. 바톤, 데이브 비어만, 닐 윌슨, 『디모데전. 후서 디도서』 (서울: 한국성서유니온선교회, 2008), 345-346.

다. 왜냐하면 교회에는 거짓 교사들이 있기 때문이다. 따라서 성도들을 바르게 인도하기 위해서는 신앙의 자격을 잘 갖춘 장로들이 필요한 것이다.

(2) 양육의 중요성

바울은 본서를 통하여 양육의 중요성에 대해 역설하고 있다. 특별히 각 계층별로 올바르게 양육할 것을 말하고, 무엇보다 경건하게 살아가야 한다는 점을 강조하고 있다. 목회에서 중요한 것은 직분자를 잘 세우는 일과 성도들을 잘 양육하는 일임을 바울은 말하고 있다. 특별히 마지막으로 이단에 대해서는 단호하게 대처할 것을 말하고 있다(1:10-16, 3:9-15). 이것이 이리 떼로부터 양 떼를 지키는 목자의 본분이기 때문이다.

3) 내용 분해

인사	1:1-4
장로의 자격	1:5-9
이단에 대한 경고	1:10-16
그리스도인 사이의 행동 규범	2:1-15
불신자에 대한 행동 규범	3:1-11
맺는 말	3:12-15

17. 빌레몬서

1) 기록 연대와 목적

다른 옥중서신들과 마찬가지로 바울이 로마 감옥에 1차 투옥되었을 때 기록된 것으로 보인다. 기록 목적은 빌레몬의 노예 중 도망친 오네시모를 형제로 맞이해 줄 것을 빌레몬에게 부탁하기 위함이었다. 그리고 바울 자신이 감옥에서 석방된 후에 머물 장소를 예비시키는 목적도 있었다.

2) 특징들

(1) 오네시모와 바울

바울은 로마 감옥에서 주인인 빌레몬의 재산을 훔쳐 달아난 것으로 추정되는 노예 오네시모를 만났다. 바울은 옥중에서 오네시모에게 복음을 전하여 거듭나게 하였다(1:10). 그리하여 오네시모는 지난날의 잘못을 회개하고 바울의 복음 사역을 돕는 복음의 일꾼이 되었다. 하지만 바울은 당시 법으로 주인인 빌레몬의 허락 없이 오네시모를 자기 곁에 둘 수는 없었다. 따라서 오네시모로 하여금 계속 자신을 도와 복음 사역을 할 수 있도록 빌레몬의 허락을 받아야만 했다(1:14). 이 일을 위하여 바울은 심지어 오네시모가 빌레몬에게 진 빚까지 자신이 감당하겠다고 약속하고 있다(1:18).

(2) 가정교회

본서는 빌레몬의 집에서 모이는 가정교회에 보낸 서신이다. 당시에는 자신의 집에서 예배드리는 가정교회들이 많았다. 본서에 등장하는 아킵보는 학자들에 따라 빌레몬의 아들로 보기도 한다. 그리고 2절에 나오는 압비아를 빌레몬의 아내로 본다. 이렇게 당시 가정교회는 가정교회의 장소를 제공한 사람들이 전적으로 헌신하여야만 했다.

3) 내용 분해

빌레몬을 위한 감사의 기도	1:1-7
오네시모를 위한 바울의 간구	1:8-16
빌레몬에 대한 바울의 약속	1:17-25

4) 본 서신과 골로새서의 관계

본 서신과 골로새서는 여러 연관성을 가진다. 같은 장소, 같은 시기에 기록된 것과 목적지도 골로새 지역이었다. 그리고 수신자 중에 나오는 아킵보는 골로새 교회의 지도자였다.[19] 두 서신은 모두 두기고에 의해 전달되었다. 내용 면에서는 차이가 있지만 골로새서와 많은 연관성을 가지고 있다.

---

19) 바울은 골로새서에서 아킵보에게 "주안에서 받은 직분을 삼가 이루라"고 권면하고 있다(골로새서 4:17). 이것으로 보아 아킵보는 골로새 교회에서 중요한 사역자였음을 짐작할 수 있다.

제11장

공동서신과 요한계시록

1. 공동서신이란?

바울이 저술한 13권의 서신 외에 7권의 서신(히브리서를 제외한 야고보서에서 유다서까지)을 가리키는 말이다. 공동서신이라는 말은 특별한 서신이 아니라 일반적인 서신이라는 말이다. 이 말은 특정한 대상에게 보낸 것이 아니라 보편적인 대상들에게 보냈다는 뜻이기도 하다. 공동서신의 내용들은 주로 이단사상을 경계하고 기독교의 복음을 변호하는 내용들이다.

2. 히브리서

1) 기록 연대와 목적

기록 연대는 예루살렘 성전의 파괴[1] 이전인 60년대 후반으로 본다.

1) 3번째 예루살렘 성전이었던 헤롯 성전은 70년경 로마의 디도(Titus) 장군에 의해 예수님의 예언대로 예루살렘 성과 함께 파괴되었다(마태복음 24:2).

그 이유는 예루살렘 성전의 파괴로 인해 구약의 제사제도가 종료된 것을 언급하지 않았고, 13장에 투옥되었던 디모데의 석방 기사(13:23)가 나오는 반면, 로마 감옥에 투옥되었던 바울에 대한 언급이 없는 것으로 보아 바울의 사후(死後)에 기록된 것으로 추론하여 60년대 후반으로 본다.

본서의 목적은 로마의 핍박이 심할 때 특히 안팎으로 핍박을 받는 유대교에서 개종한 그리스도인들에게 신앙을 격려하기 위해 기록되었다. 저자는 무엇보다 예수 그리스도에 대한 소망을 강조하면서 신앙을 격려하고 있다.

2) 특징들

(1) 편지의 형식이 다르다

다른 바울서신들과 비교할 때 본서에는 서론의 문안이나 그리고 수신자에 대한 언급이 없다. 본서는 개인이나 특정한 단체를 향한 서신이라기보다는 당시 교인들에 대한 신앙적인 교훈과 권면 내용이 중심이 되고 있다. 물론 당시에 이 편지를 받는 사람들은 편지의 수신자에 대한 지식을 가지고 있었을 것이다.

(2) 기독론(基督論, Christology)[2]적 우월성 강조

본서는 기독론적인 관점에서 전개되고 있다. 예를 들면 새 제사장, 새 언약, 새로운 희생 제사라는 용어들을 사용하며 유대교의 주장을

2) 예수 그리스도에 관한 신학 이론이다. 특히 신성(神性)과 인성(人性)에 관한 문제를 중요하게 다룬다.

반박하고 기독론적인 우월성을 주장함으로 환난 가운데 유대교로 돌아가려는 사람들에게 권면하고 있다. 저자는 구원의 승리자가 되시는 그리스도를 말하기 위해서 신앙의 영웅들을 제시하기도 한다.

(3) 신자의 삶의 자세

본서의 저자는 신자의 삶의 자세란 족장들이 하나님의 약속을 바라보고, 약속의 땅을 향해 나아가듯이 순례자의 걸음을 걷는 것이며 이스라엘이 광야에서 행한 것 같이 땅 위에서 나그네의 걸음을 걸어가는 것이라고 말하고 있다.

3) 내용 분해

머리말	1:1-3
천사보다 크신 그리스도	1:4-2:18
모세, 여호수아보다 크신 그리스도	3:1-4:16
제사장 아론보다 크신 그리스도	5:1-7:28
그리스도 제사장직의 특수성	8:1-10:39
신앙의 우월성	11:1-13:17
맺는 말	13:18-25

3. 야고보서

1) 기록 연대와 목적

기록 연대에 대해서는 60년대 초반 설과 40년대 후반 설 등 다양한 설이 있지만 명확한 근거는 없다. 분명한 것은 예수의 형제 야고보가 62년에 순교를 당했기에[3] 야고보가 순교하기 전에 기록되었을 것이다. 본서는 특별한 수신인 없이 공개편지로 되어 있기에 일반서신으로 분류한다. 기록 목적은 당시 신앙의 어려운 핍박 상황에 있는 성도들을 격려하고 교회 안에 이신득의(以信得義, justification by faith)[4]의 사상을 오해하여 신앙의 행위들을 등한히 하는 성도들의 잘못을 바로잡기 위해 기록되었다.

2) 특징들

야고보서에는 여러 신앙의 교훈들이 나온다. 어떤 면에서는 예수님의 산상보훈과도 비슷한 모양을 갖추고 있다

(1) 시험과 유혹

야고보는 성도라고 하여 시험에서 제외되는 것이 아니라 성도도 시험을 받는데 하나님이 시험 가운데 지켜 주시기 때문에 도리어 시험이 유익이 된다고 말하고 있다.

---

3) 예수의 형제 야고보는 62년경 당시 대제사장인 아나누스(Ananus)에 의해 돌에 맞아 순교했다고 전해진다.

4) 믿음으로써 의롭게 된다'는 뜻으로, '이신칭의'(以信稱義)라고도 한다. 예수 그리스도를 믿음으로 죄 문제가 해결된 구원에 이르는 의로운 자로서의 자격이 주어진다는 교리이다(롬1:17; 3:21; 갈2:16).

(2) 부자와 가난한 자

높은 위치에 있는 사람은 교만하기 쉽고, 부자는 그 재산 때문에 하나님을 잊어버리기 쉽다. 따라서 가난한 자들을 멸시하지 말고 무엇보다 믿음의 부자가 되기 위해 힘써야 한다. 특히 교회 안에 차별이 있어서는 안 되며 편견 없이 서로 사랑할 수 있어야 한다.

(3) 신앙과 행위

행동이 뒤따르지 않는 신앙은 죽은 것이다. 이것은 아브라함과 라합을 통하여 알 수 있다. 참된 믿음은 어려움을 당한 사람들을 돌아보고 자신을 잘 절제하는 것이다.

(4) 말에 대하여

듣기는 속히 하고 말하기는 더디 해야 한다. 성도는 서로 비방하지 말고 혀를 조심해야 한다. 이렇게 야고보서는 성도들의 생활에 관하여 자세히 이야기하고 있는데, 절반 이상이 명령형으로 되어 있다.

(5) 고난과 기도

야고보는 성도들이 고난 당할 때에는 욥과 같이 인내하고, 엘리야와 같이 믿음으로 기도해야 한다고 말한다. 더불어 믿는 형제들끼리 서로를 위해 기도해 주는 것은 마땅한 신앙의 자세라고 가르치고 있다.

3) 내용분해

믿음의 시련	1:1-18
믿음의 특성	1:19-5:6
믿음의 승리	5:7-20

4. 베드로전서

1) 기록 연대와 목적

저자를 베드로로 볼 때 베드로가 네로 황제의 박해 때인 66-67년경에 순교했으며, 심한 박해 속의 상황들을 기록하는 것으로 보아 순교 시기와 비슷한 63-64년경으로 본다. 기록 목적은 주로 아시아 지방에 흩어져 사는 기독교인들에게 환난 중에도 믿음으로 고난을 잘 극복하고 다가올 영원한 영광을 바라보도록 격려하기 위해 쓰였다.

2) 특징들

(1) 산 소망

베드로는 환난 가운데 있는 성도들에게 예수 그리스도를 통한 살아있는 소망을 이야기하며 믿음 가운데 소망을 잃지 말 것을 격려하고 있다.

(2) 그리스도인의 삶

악한 세상에서 그리스도인들이 종으로, 아내로, 남편으로서 어떻게 살아야 할 것인가를 설명하고 있다.

(3) 종말과 직무

베드로는 종말을 이야기하며 성도들이 어떤 삶을 살아야 하는지를 설명한다. 그리고 무엇보다 교회 지도자들이 바로 설 것과, 교회와 성도들이 마귀를 대적하고 근신하여 깨어 있어야 할 것을 명령하고 있다.

3) 내용 분해

인사말	1:1-12
시련과 구원, 그리고 거룩한 생활	1:3-2:10
어떻게 살 것인가?	2:11-4:6
고난의 의미	4:7-19
장로의 의무	5:1-11
문안	5:12-14

5. 베드로후서

1) 기록 연대와 목적

기록 연대는 베드로전서와 마찬가지로 순교 이전으로 볼 때 네로 황제의 집권 말기에 박해받는 성도들을 위한 기록으로 66-67년경으로 본다. 기록 목적은 베드로전서와 마찬가지로 박해 받는 성도들을 격려하고 권면하기 위해 기록되었다. 하지만 베드로전서가 외부적인 박해에 관한 내용이라면, 베드로후서는 교회 안에서 일어난 배교(背敎)와 거짓교사들의 가르침에 맞서 싸울 것을 격려하고 있다.

2) 특징들

(1) 신앙의 성숙

베드로는 1장에서 신앙의 성숙에 관해 당부하고 있다. 말세와 영적 전쟁을 이기기 위해서는 신앙의 성숙이 따라야 함을 말하는 것이다.

(2) 거짓 교사들에 대한 경고와 정죄

베드로는 참된 예언과 거짓 예언의 대조를 통하여 거짓 교사들의 잘못된 가르침을 지적하고 그들이 받을 심판을 말하고 있다.

(3) 재림의 임박성

본서는 베드로의 유언 성격도 있다. 베드로는 재림의 임박성과 확실성을 강조하면서 성도들이 분명한 믿음과 소망 가운데 거하여 미혹과 핍박을 잘 이겨낼 것을 당부하고 있다. 마지막으로 베드로는 성도들에게 오직 주 예수의 은혜와 그를 아는 지식 안에서 자라갈 것을 당부하고 있다(3:18).

3) 내용 분해

인사	1:1-4
은혜 안에서 성장하라	1:5-11
진리 안에서 굳게 서라	1:12-21
거짓 교사를 경계하라	2:1-22
소망 가운데 거하라	3:1-18

6. 요한일서

1) 기록 연대와 목적

저자는 초대 교회부터 요한복음과 닮은 문체로 인해 사도 요한으로 인정받았다. 특히 요한복음과 본서 서문이 동일인의 저작임을 증명하고 있다.[5] 기록 연대는 에베소 지역에서 요한복음과 동시대에 기록된 것으로 추정하여 85년에서 90년경에 기록되었을 것으로 본다. 기록 목적은 이단(영지주의)으로부터 교회를 보호하고 믿는 자들에게 구원의 확신을 심어주기 위한 것이다.

2) 특징들

(1) 빛 되신 하나님

하나님은 빛이시기에 하나님을 따르는 성도들도 빛 가운데 행해야 한다고 말하고 있다. 예수 그리스도로 말미암아 죄 씻음을 받은 자는 더 이상 어두움에 거하지 않고 빛 가운데 속한다.

(2) 적그리스도

말세에는 적그리스도가 나타나는 데 하나님의 아들을 부인하는 자는 적그리스도라고 지적한다. 적그리스도에게 속하지 않기 위해서는 믿음 안에 있어야 하는데 이 때 필요한 것은 의를 행하며 서로 사랑하는 것이라고 말하고 있다.

(3) 성육신의 부인

요한은 적그리스도는 성육신을 부인한다고 말하고 있다. 따라서 성도는 예수를 시인하고 하나님의 계명을 지키며 아들을 믿는 믿음 안에 있어야 함을 주장하고 있다.

---

5) 한의신, 『요한일이삼서 성서주석』 (서울: 대한기독교서회, 2002), 16.
(요한복음 1:1) "태초에 말씀이 계시니라 이 말씀이 하나님과 함께 계셨으니 이 말씀은 곧 하나님이시니라."
(요한일서 1:1) "태초부터 있는 생명의 말씀에 관하여는 우리가 들은 바요 눈으로 본 바요 자세히 보고 우리의 손으로 만진 바라."

3) 내용 분해

인사말	1:1-4
빛 가운데 걸어감	1:5-2:29
사랑 안에 거함	3:1-4:21
주안에 거함	5:1-12
맺는 말	5:13-21

7. 요한이서

1) 기록 연대와 목적

본 서신은 요한일서의 보충적 성격이 강하다. 기록 연대는 요한일서와 같은 시대로 본다. 그것은 요한일서에 나오는 적그리스도가 본 서신에도 언급되고(7절), 요한일서에 서술되어 있는 미혹하는 자에 대한 내용도 다시 소개되고 있기 때문이다(7절). 기록 목적은 요한일서와 부합하지만 서로 사랑할 것을 강조하면서 특히 거짓 교사들에 대하여 경계하며 동조하거나 사귀지 말 것을 당부하고 있다.

2) 내용 분해

인사	1:1-3
사랑의 계명	1:4-6
미혹하는 자에 대한 경계	1:7-11
맺는 말	1:12-13

8. 요한삼서

1) 기록 연대와 목적

기록 연대는 앞선 요한 저작들과 시대를 같이 한다. 기록 목적은 순회 전도자[6]들을 환대한 가이오(Gaius)[7]를 칭찬하고 순회 전도자들을 비판한 디오드레베[8]와 같은 자들이 되지 말 것을 말하고 있다.

2) 내용 분해

인사	1:1
가이오의 환대에 대한 칭찬	1:2-8
디오드레베의 비판과 데메드리오[9]의 천거	1:9-12
맺는 말	1:13-15

9. 유다서

1) 기록 연대와 목적

본 서신의 저자로 알려진 예수의 동생 유다는 70-80년경에 순교한

6) 당시에는 순회 전도자들을 통해서 복음이 전파되었는데 사도 바울도 순회 전도자였다. 한국교회 초기 선교사들과 매서인, 조사들도 모두 순회 전도자들이었다.
7) 요한삼서의 수신자로 순회 전도자들을 형제처럼 잘 대접하여 사도 요한에게 칭찬받았다.
8) 그는 가이오가 속한 교회의 사람이었는데 순회 전도자들을 박대한 것은 물론이고 그를 접대하려는 성도들까지 쫓아낸 악한 사람이었다(1:9-10).
9) 사도 요한이 칭찬한 인물로 요한삼서를 가이오에게 전달한 인물로 추정된다(1:12).

것으로 알려지고 있다. 따라서 본서는 약 70-80년경에 기록되었을 것으로 추정된다. 기록 목적은 영지주의와 거짓 교사들의 미혹에 경계할 것을 권면하기 위한 것이다. 따라서 본서는 문안 인사(1, 2절)와 마지막 찬양(24, 25절)을 제외하고는 영지주의 이단과 거짓 교사들, 그리고 그들에게 동조한 배교자(背教者)들을 단호하게 물리칠 것을 권면하고 있다.

2) 내용 분해

인사	1:1-2
유다서의 기록동기와 목적	1:3-4
거짓 교사들에 대한 서술	1:5-16
성도들에 대한 경고	1:17-23
맺는 말	1:24-25

10. 요한계시록

1) 기록 연대와 목적

본 서신은 자신을 신으로 숭배할 것을 명한 로마의 도미티안[10] 황제의 제위 말년인 81년에서 90년 사이에 기록된 것으로 보인다. 기록 장

10) 그는 로마의 제11대 황제로 51년에 출생하여 96년에 아내의 음모로 살해당했다. 예루살렘 멸망의 선봉장이었던 형 티투스(Titus, 그는 40대 초반에 갑자기 죽었다)를 이어 왕이 된 그는 재임 기간 동안 폭정을 하였으며, 황제숭배 사상을 강요하고 반대하는 기독교인들은 반역죄로 다스렸다. 사도 요한도 이러한 박해를 피해갈 수 없었다.

소는 저자가 밧모섬[11]에서 유배 중일 때 계시를 받았다고 하지만 이곳에서 기록했는지, 후에 에베소에서 기록했는지는 명확하지 않다. 기록 목적은 자신을 '주'와 '신'으로 경배하라고 명한 도미티안 황제 치하에서 고난당하는 성도들에게 위로와 격려를 하기 위한 목적이다. 그리고 힘을 잃고 세속화되어가던 교회들에게 그리스도의 재림과 천국 소망을 전해주며 끝까지 믿음으로 승리할 것을 당부하려고 기록하였다.

2) 특징들

(1) 교회의 세속화

요한은 일곱 교회 모습을 통하여 교회들이 말세에 어떤 신앙의 자세를 가져야 하는가를 말하고 있다. 처음 사랑을 잃지 말고 사랑과 감격을 가진 교회들로 세워 가기를 바라고 있다.

(2) 완전한 심판

본 서에는 점진적인 완전한 심판이 묘사되어 있다. 따라서 일곱 인 재앙과 일곱 나팔 재앙, 그리고 일곱 대접 재앙들이 계속 언급되면서 마지막 7번째 재앙은 다시 새로운 재앙을 불러 오며 하나님의 완전한 심판을 묘사하고 있다. 따라서 세상 권세는 결국 하나님의 완전한 심판 아래 무릎을 꿇게 될 것을 말함으로 성도들에게 세상 권세를 두려워하지 말 것을 당부하고 있다.

---

11) 에베소의 남서쪽 90km에 있는 작은 섬이다. 남북 길이 16km, 동서 길이 9km에 이른다. 2000년 현재 인구는 약 2,500명 정도이다. 로마제국 시대에 이 섬은 주로 종교, 정치범을 귀양보내던 유배지였다. 사도 요한은 약 18개월 정도 이 섬에 있었다.

(3) 영원한 천국

19장 이후로 요한은 말세에 완전한 심판과 악한 영들의 멸망, 그리고 믿는 자들이 들어가게 될 천국에 대해 설명하고 있다. 천국이 어린 양의 혼인 잔치와 같이 임하게 되며, 그 천국은 모든 것이 완전하고 완성된 나라로서 아무 부족함이 없는 곳임을 가르쳐 주고 성도들에게 환난 가운데 천국의 소망을 가지고 살아갈 것을 당부하고 있다.

3) 내용 분해

아시아 일곱 교회에 대한 메시지	1-3장
일곱 인의 재앙	4-6장
일곱 나팔의 재앙	7-9장
일곱 개의 표적	10-13장
일곱 대접의 재앙	14-16장
바벨론의 심판	17-19장
마지막에 있을 승리와 영광	20-22장

성경 길라잡이

지은이 윤은수

펴낸이 정덕주

발행일 2021. 3. 15

펴낸곳 한들출판사

서울시 종로구 대학로 19(기독교회관 1012호)

등록 제2-1470호. 1992년

ISBN 978-89-8349-783-3

홈페이지 www.handl.co.kr

전자우편 handl2006@hanmail.net

전화 편집부 02-741-4069

영업부 02-741-4070